ELISABETH SCHREIBER

SCHICKSAL – manipulierbar?

Roman

VERLAG SCHWARZ GMBH

CIP-Kurztitelaufnahme der Deutschen Bibliothek

Schreiber, Elisabeth:
Schicksal – manipulierbar?/Elisabeth Schreiber. – 1. Aufl. –
Baden-Baden : Schwarz, 1988
ISBN 3-921531-56-X

Copyright by Autorin und Verlag
Verlag Schwarz GmbH – Baden-Baden 23
Druck: Mittelbadischer Zeitungsverlag GmbH, Bühl
Buchbinderarbeiten: Großbuchbinderei Spinner, Ottersweier
Printed in West Germany
1. Auflage Januar 1988

Sei hochbeseligt oder leide,
das Herz bedarf ein zweites Herz.
Geteilte Freud' ist doppelte Freude,
geteilter Schmerz ist halber Schmerz.

Stammbuchvers von Christoph August Tiedge.

I

Blütenpracht und strahlender Sonnenschein bei Temperaturen um 25 Grad.
Ein Osterwetter wie im Bilderbuch.
Am Karfreitag waren Hedda und Renate, in Pelzmäntel gehüllt, in Wildbad angereist. Es war trüb und kalt an jenem Tage. Ein scharfer Wind wehte. Nun genossen sie die wohlige Wärme der Frühlingssonne und das Blumenmeer ringsumher, während sie luftig gekleidet durch den schönen, großen Kurpark mit altem Baumbestand schlenderten. – Ein ungewöhnlich schönes Osterwetter im launischen April.
Hedda und Renate wurden oft für Mutter und Tochter gehalten. Und das hätten sie altersmäßig auch sein können. Aber sie waren nicht verwandt und nicht verschwägert, wie es so schön im amtsdeutsch heißt, sie waren Freundinnen. Das Schicksal hatte sie vor Jahren zusammengeführt. Während monatelanger Krankenhausaufenthalte ihrer Ehemänner lernten sie sich kennen. Nachdem ihre Partner im Abstand von nur wenigen Tagen starben, versuchten sie, sich gegenseitig zu stützen. Sie telefonierten oft miteinander, trafen sich, unternahmen am Wochenende kleine Ausflüge, sprachen sich aus über Vergangenes und Zukünftiges. Beide hatten eine gute Ehe geführt und fühlten sich jetzt vereinsamt. Jede von ihnen besaß einen großen Bekannten- und Freundeskreis. Doch der beste Freundeskreis kann den verlorenen Partner nicht ersetzen. Es fehlte das Für- und Miteinander, die Schulter zum Anlehnen, der Widerhall der Gefühle. Alles, was sie unternahmen,

jeder Ausflug, jede Reise, war eine Flucht vor dem Alleinsein.

Hedda wirkte zwar sehr robust. Sie war aber oft recht hilflos und unschlüssig. Als einziges Kind ihrer Eltern wuchs sie äußerst behütet auf. Sie heiratete sehr jung und begleitete ihren Mann meist auf seinen Geschäftsreisen. Aus der Obhut des Elternhauses war sie in die Geborgenheit der Ehe geglitten. Sie war dadurch nicht gewohnt, selbst Entscheidungen zu treffen.

Renate dagegen, klein und zierlich, hatte immer im Berufsleben gestanden und war ihrem Mann stets eine hilfreiche Mitarbeiterin gewesen. Deshalb fiel es ihr nicht schwer, das Geschäft weiterzuführen. Hedda bewunderte die jüngere Freundin und ließ sich gern von ihr beraten. Und Renate empfand Heddas mütterliche Fürsorge recht wohltuend. Auf diese Weise ergänzten sie sich gegenseitig.

Beide reisten gern, hatten in modischer Hinsicht fast den gleichen Geschmack, liebten gute Lektüre, Musik und Theaterbesuche. Sie interessierten sich für das Tagesgeschehen in wirtschaftlicher Hinsicht und auch auf politischem Sektor. Die vielen, gleichen Interessen führten zu einer durchaus harmonischen Verbindung. Trotzdem befürchtete Hedda mitunter ängstlich, daß sie Renate eines Tages verlieren könnte. Und tatsächlich hegte Renate Gedanken in dieser Richtung. Sie wünschte sich sehnlichst einen Neubeginn mit einem Partner, der ihrem verstorbenen Mann möglichst ähnlich sein sollte. Mit Hedda sprach sie nicht über diesen Wunschtraum, weil sie deren ablehnende Haltung in dieser Hinsicht aus früheren Gesprächen kannte. Sie hoffte auf einen glücklichen Zufall.

Die Jahre vergingen. Außer einigen unbedeutenden Flirts ereignete sich nichts. Nach jedem Ausflug und nach jeder Reise schien ihr die Decke förmlich auf den Kopf zu fallen, wenn sie nach Hause zurückkehrte.

Hedda erging es ähnlich. Aber sie fand sich damit ab. Trübe Stimmungen versuchte sie mit einem Glas Wein oder einem Glas Sekt aufzuhellen. Manchmal trank sie auch einige Gläschen und schwelgte dann in glücklicher Vergangenheit. Das war für Renate keine Lösung. Sie betrachtete ihre Situation real und erwog das Für und Wider der gegebenen Möglichkeiten.

Nun genossen die beiden Damen den Kurzurlaub in Wildbad. Sie besuchten fast jedes Kurkonzert, unternahmen ausgedehnte Spaziergänge durch den Kurpark. Dabei fiel ihnen auf, daß der Park früher wildromantischer war, bevor das Flußbett der Enz begradigt wurde. Renate erinnerte sich außerdem, daß 1963, als sie und ihr Mann Bernd das erste Mal in Wildbad waren, in der Nähe des Ententeiches auf einem Sockel ein langgestrecktes Gebäude aus dunklem, verwittertem Holz stand, einer überdimensionalen Gartenlaube ähnlich. Dem Vernehmen nach soll das ursprünglich das erste Kurhaus des Thermalbades Wildbad gewesen sein. Später diente es ab und zu als Pavillon für Trachtenkapellen. Als es zu morsch geworden war, mußte es aus Sicherheitsgründen abgerissen werden.

Die gepflegten, alten Häuser bewundernd, bummelten Hedda und Renate durch die engen Straßen und erfreuten sich an den Auslagen der zahlreichen Schaufenster. Einige Male fuhren sie mit der Bergbahn zum Sommerberg hinauf, um einen längeren Spaziergang zu unternehmen und dabei möglichst viel der guten Schwarzwaldluft in einer Höhe von 750 bis 1000 m einzuatmen. Die Wege waren gepflegt und gut markiert. Repräsentative Hotels luden zum Verweilen ein. Für ihren Nachmittagskaffee bevorzugten Hedda und Renate das Sommerberghotel. Dem Auge bot sich von dort aus ein herrliches Panorama über einen Teil des nördlichen Schwarzwaldes. Der Kurort Wildbad, am Fuße des Sommerberges, wirkte malerisch. Die großen Hotels sahen aus dieser Perspektive winzig aus. Und die kleinen Häuser erschienen erst recht wie Spielzeuge. Insgesamt ein beruhigender Anblick, der den strapazierten Nerven wohl tat.

Die erholsamen Tage eilten viel zu schnell dahin. Am Dienstag nach Ostern erschien Heddas Chauffeur -- pünktlich, wie verabredet –, um die beiden Damen, die er am Karfreitag nach Wildbad brachte, wieder abzuholen. Das schöne Wetter hielt an. Deshalb fiel es Hedda und Renate nicht leicht, sich von Wildbad zu trennen. Aber sie konnten sich ihren Verpflichtungen nicht entziehen und den Urlaub nicht beliebig verlängern.

Die Fahrt verlief komplikationslos. Der Chauffeur fuhr konzentriert und umsichtig. Hedda und Renate stellten übereinstimmend fest, daß sie im Hotel Post – inzwischen Kurhotel Post – wieder bestens aufgehoben waren. Dann schwiegen sie. Jede hing ihren eigenen Gedanken nach. Hedda erinnerte sich gern der weit zurückliegenden Jahre, in denen ihr Vater schon Stammgast im Hotel Post war. Und Renate ließ die Urlaubszeiten an sich vorüberziehen, die sie mit Bernd wiederholt in diesem Hotel verbrachte. Schöne, aber wehmütige Erinnerungen. „Wieviel schöner war doch das Leben zu zweit", stellten Hedda und Renate immer wieder – in diesem Moment allerdings unabhängig voneinander – fest.

Plötzlich war Hedda eingenickt. Dadurch hatte Renate Gelegenheit, mit ihren Gedanken weiter in der Vergangenheit zu verweilen: Das erste und das zweite Weihnachtsfest nach dem Tode ihres Mannes hatte sie im Kreise einer mit ihr befreundeten Familie verbracht – sehr schön, sehr harmonisch. Aber sie fühlte sich nicht dazugehörig, fürchtete, die familiäre Atmosphäre – gerade an solchen Tagen – zu stören, so lieb ihr diese Menschen sonst waren. Das dritte Weihnachtsfest hatte sie bei entfernt wohnenden Verwandten gefeiert. Die lange Anfahrt im überfüllten Zug war sehr lästig gewesen. Dann stellte sich heraus, daß sie – bedingt durch unterschiedliche Weltanschauungen – nur wenig Gemeinsamkeiten besaßen. Dadurch war das Beisammensein nicht so ideal, wie erhofft.

An sonstigen Feiertagen und an Wochenenden war sie meist mit Hedda unterwegs. Sie aßen vorwiegend in Spezialitätenrestaurants, unternahmen ausgedehnte Spaziergänge und erfreuten sich an den Schönheiten der Natur. Hedda und Renate hatten keine finanziellen Sorgen. Für Außenstehende sah ihr Leben vielleicht beneidenswert aus. Sie selbst waren da allerdings ganz anderer Meinung. Trotz aller Unternehmungen und Abwechslungen und auch Pflichten fühlten sie sich einsam – wie noch nie in ihrem Leben. Jahrzehntelange Gemeinsamkeiten ließen sich nicht einfach auslöschen. Das wollten sie auch gar nicht. Denn es waren in beiden Fällen schöne und ereignisreiche Jahre gewesen. Alles, was sie jetzt unternahmen, war eine Flucht vor der menschlichen Leere, die sie umgab.

Einige Monate nach Beendigung des zweiten Weltkrieges hatten sich Bernd und Renate kennengelernt. Es war beiderseits Liebe auf den ersten Blick. Freude und Leid hatten sie miteinander geteilt und mancherlei Repressalien in der Deutschen Demokratischen Republik überstanden, bis ihnen die Flucht – mit einem lachenden und einem weinenden Auge – über West-Berlin nach Westdeutschland gelang. Zu damaliger Zeit bestand die Berliner Mauer noch nicht. Es kamen täglich cirka vierhundert Flüchtlinge in West-Berlin an.

Anfang der fünfziger Jahre befand sich Westdeutschland stark im Wiederaufbau. Bernd und Renate hatten Glück und bekamen – unabhängig voneinander – gut dotierte Anstellungen auf kaufmännischem Sektor. Infolge der Wohnungsknappheit mußten sie vorerst möbliert wohnen. Bei der ersten Vermieterin durfte nicht geraucht werden. Mit Rücksicht auf die Wohnungsnot akzeptierten sie diese Bedingung, zogen ein, suchten aber gleich wieder weiter nach einer „menschenfreundlicheren Unterkunft". Die nächste Wirtin bestand darauf, daß nicht gekocht und nicht gewaschen werde. Es durften noch nicht einmal ein Paar Strümpfe ausgewaschen werden. Das war auch nicht das, was sie eigentlich suchten. Aber die Bedingungen mußten toleriert werden, trotz der sagenhaften Mieten, die in jedem Falle verlangt wurden. Diese Einschränkungen hatten sie dennoch nicht wesentlich gestört. Sie fanden immer wieder einen Ausweg. Die Flucht war ohnehin ein Schritt in die Ungewißheit. Die Aufgabe der beruflichen Selbständigkeit und der angenehmen häuslichen Verhältnisse mußte verkraftet werden. Dessen waren sie sich von Anfang an bewußt gewesen. Dafür durften sie in der Bundesrepublik Deutschland als freie Menschen leben. Diese Freiheit war einige Opfer wert.

Schon sehr bald ging es wieder bergauf. Bereits zweieinhalb Jahre nach der Flucht hatten sie sich eine schöne, geräumige Neubauwohnung mieten und einrichten können. Und weitere dreieinhalb Jahre später war Bernd in der Lage gewesen, sich – ohne fremde finanzielle Hilfe – erneut selbständig zu machen und ein Großhandelsgeschäft zu gründen. Allerdings in einem wesentlich kleineren Umfang als drüben. Aber sie waren beide vollauf zufrieden. Sie arbeiteten sehr viel, konnten sich dadurch aber auch allerlei leisten. Da sie keine Kinder hatten, waren sie ausschließlich füreinander da. Sie versuchten, sich gegenseitig die Wünsche von den Augen abzulesen.

Manche schöne Reise hatten sie gemeinsam unternommen, sofern sie vom Geschäft abkömmlich waren. Dabei lernten sie Holland, Belgien, Luxemburg, Lichtenstein, die Schweiz, Österreich und Italien kennen.

Bernd liebte die Berge. Sein bevorzugtes Reiseziel war – schon in früheren Jahren – immer wieder Österreich gewesen.

Und nun existierte die Vergangenheit nur noch als schöner Traum, der in weiter, unwiederbringlicher Ferne lag.

Renates sehnlichster Wunsch war immer gewesen, zusammen mit Bernd recht alt zu werden und dann, wenn sie abtreten mußten, möglichst durch einen Unfall gemeinsam aus dem Leben zu scheiden. Viele Wünsche hatten sich bisher in ihrem Leben erfüllt, bevor sie sie aussprach, nur dieser nicht. Eine jahrelange, unheilbare Krankheit hatte dem Leben ihres Mannes ein Ende gesetzt.

Heddas Leben war in ruhigeren Bahnen verlaufen. Sie war in Westdeutschland geboren und aufgewachsen. Die zurückliegenden Jahre verbrachte sie – Reisen ausgenommen – am Heimatort im elterlichen Hause. Der Familienbesitz war weitestgehend von den Auswirkungen und den Folgen des Krieges verschont geblieben. Aber dafür gab es bei ihr andere Probleme, nämlich Unstimmigkeiten familiärer Art, die sich sehr belastend auswirkten.

Kurz bevor der Wagen vor Renates Haus zum Stillstand kam, erwachte Hedda aus ihren Träumen und war überrascht, daß sie bereits die heimatlichen Gefilde erreicht hatten. Nach kurzer Verabschiedung fuhr der Chauffeur seine Chefin nach Hause. Nun war wieder der Moment gekommen, in dem Hedda und Renate die Decke förmlich auf den Kopf fiel.

Während Renate die inzwischen eingegangene Post durchsah, läutete das Telefon. „Am liebsten würde ich gar nicht auspacken, sondern gleich wieder wegfahren", sagte Hedda am anderen Ende der Leitung. Namentlich hatte sie sich nicht gemeldet. Renate erkannte sie sowieso an der Stimme. „Mir ergeht es genauso", bestätigte sie. „Die Koffer stehen noch ungeöffnet in der Diele. Aber was nützt es. Die Pflicht ruft." Sie plauderten noch ein wenig miteinander. Dann verabredeten sie sich für den übernächsten Abend zum Besuch einer Modenschau. Doch in der Zwischenzeit riefen sie einander noch oft an.

II

Renate, stets sehr zielstrebig, suchte ernsthaft nach einer Möglichkeit für einen Neubeginn. Der schöne Kurzurlaub in Wildbad hatte in dieser Hinsicht nichts gebracht. Nun nahm sie verschiedene Eheanbahnungsinstitute „unter die Lupe" und erkundigte sich nach deren Bedingungen und Arbeitsweise. Die Höhe der Honorare überraschte sie sehr. Da wurden nicht nur einige tausend Mark Vermittlungsgebühren, sondern auch noch Erfolgshonorare in gleicher oder ähnlicher Höhe gefordert. „Dafür kann man sich manches Trostpflästerchen in Form von Schmuck oder Pelzwerk oder sonstige Dinge leisten", überlegte sie. Schließlich war sie eine gut kalkulierende Geschäftsfrau, die das verdiente Geld nicht leichtfertig ausgab. Und einen Vermittlungserfolg konnte – verständlicherweise – auch niemand garantieren. Also versuchte sie es zunächst einmal mit einem kleinen Inserat in der örtlichen Tageszeitung. Erwartungsvoll hoffte sie auf Zuschriften, die auch tatsächlich eintrafen, aber ausnahmslos unter Niveau lagen. Hier und da beigefügte Fotos schickte sie anonym zurück. Die Zuschriften riß sie kurz und klein und spülte sie im WC fort. Auf diese Weise konnte nichts in unrechte Hände kommen. Fazit: Außer Spesen nichts gewesen.

Renate hoffte zunächst weiter auf einen glücklichen Zufall. Doch es wurde ihr bewußt, daß darüber Jahre vergehen konnten und eines Tages vielleicht ihr Leben zu Ende sein würde. Untätiges Warten konnte Vergeudung wertvoller Zeit sein. „Mit zunehmendem Alter wird jedes Jahr kostbarer. Schon jeder Tag kann der letzte sein", sagte sie sich und leitete den nächsten Schritt ein, indem sie unverzüglich Kontakt mit der Repräsentantin eines seriös wirkenden Vermittlungsinstitutes aufnahm. Dieses Institut unterhielt in vielen größeren Städten der Bundesrepublik Repräsentanzen. Es war ihr nicht leichtgefallen, alle Bedenken beiseite zu schieben. Obwohl sie ein aufgeschlossener und fortschrittlicher Mensch war, war und blieb sie in gewissen Dingen doch sehr konservativ. Eines Tages saß sie nun dieser Repräsentantin – einer sehr sympathischen Dame – gegenüber und erfuhr, daß sie mit einem Akademiker verheiratet war und selbst einer alten Akademiker-Familie entstammte. Renate war erleichtert, nicht an eine zwielichtige Gestalt geraten zu sein.

Nach kurzem, einleitendem Gespräch präzisierte sie ihre Wünsche. Der künftige Partner sollte in etwa gleichaltrig und auch verwitwet sein. Sie war der Meinung, daß zwei Menschen in der gleichen Situation mehr Verständnis füreinander haben würden, als beispielsweise eine geschiedene Frau für einen Witwer oder ein geschiedener Mann für eine Witwe. Schließlich sei es ein Unterschied, ob man den Partner oder die Partnerin infolge höherer Gewalt verliere oder ob sich beide mehr oder weniger freiwillig trennen und scheiden lassen. Verwitwete Menschen haben in den meisten Fällen – je nachdem, wie glücklich die Ehe war – das Bedürfnis, der Geburts- und Todestage des verstorbenen Partners oder der Partnerin sowie des gemeinsamen Hochzeitstages und anderer, gravierender Daten zu gedenken. Geschiedene Menschen könnten dieses liebevolle Gedenken vielleicht als übertriebenen Kult betrachten und ablehnen. Das wäre dann schon „der erste Stein des Anstoßes". Soweit Renates Begründung. Die Institutsreprsentantin versuchte, ihr diese Ansicht auszureden, allerdings ohne Erfolg. Schließlich versprach sie, diesen Wunsch so weit wie möglich zu berücksichtigen.

Renate bat ferner zu beachten, daß sie möglichst einen selbständigen Geschäftsmann zum Partner haben möchte, dem sie beruflich zur Seite stehen könne – gegebenenfalls auch als Teilhaberin. Sie sei bereit, das eigene Geschäft aufzugeben, um Kollisionen infolge getrennter geschäftlicher Interessen oder Verpflichtungen zu vermeiden. Auch die privaten Interessen (Theater, Musik, Literatur, Reisen, Geselligkeit) sollten in etwa auf gleicher Ebene liegen.

Die Frage, ob sie einen Partner mit Kindern akzeptieren würde, bejahte Renate, sofern die Kinder nicht ständig im väterlichen Haushalt lebten. Dadurch wollte sie vermeiden, daß sie laufend mit der verstorbenen Vorgängerin verglichen würde. Sie befürchtete, daß Vergleiche dieser Art zu Differenzen führen könnten. Selbstverständlich wollte sie sich in jedem Falle um ein gutes Verhältnis zu den eventuell vorhandenen Kindern und um ein harmonisches Miteinander bemühen. Dabei setze sie natürlich voraus, daß solche Bemühungen nicht einseitig sein dürften.

Abschließend bemerkte sie noch, daß der künftige Partner auch Architekt, Anwalt oder Arzt sein könne. In dessen Büro oder Praxis würde sie gern schriftliche Arbeiten übernehmen, da sie absolut keine *Nur*-Hausfrau sei.

Nachdem alle Formalitäten – auch der unangenehmste Teil dieser Aktion, nämlich die Bezahlung eines stattlichen Honorares – erledigt waren, verabschiedete sich Renate. Die Repräsentantin versprach ihr, daß sie schon in wenigen Tagen die ersten Expertisen über Herren erhalten würde, die für sie in Frage kämen. „Eventuelle Interessenten werden sich dann mit Ihnen – zunächst telefonisch oder schriftlich – in Verbindung setzen. Selbstverständlich können auch Sie den ersten Schritt tun und mit dem einen oder anderen Herrn, der Ihnen akzeptabel erscheint, Kontakt aufnehmen", fügte sie hinzu.

„Letzteres werde ich ganz bestimmt nicht tun. Es ist schon peinlich genug – mangels anderer Gelegenheit –, auf diesem Wege einen Partner zu suchen", erwiderte Renate.

„Das ist heute durchaus üblich und braucht Ihnen keineswegs peinlich zu sein. Sie sind doch eine moderne Frau, noch dazu eine Dame, die die richtige Einstellung zum Leben hat", konterte die Repräsentantin. Renate quittierte diese Äußerung mit einem Lächeln – ob zustimmend oder ablehnend war daraus nicht zu entnehmen. Dann verabschiedeten sie sich endgültig voneinander.

III

Wenige Tage später erhielt Renate tatsächlich einige Expertisen, die ihr von der Zentrale des Institutes per Post zugesandt wurden – natürlich diskret, ohne Absender auf dem Briefumschlag, wie versprochen. Erwartungsvoll öffnete sie den Umschlag. Es lag ein Brief des Institutes bei, in dem es sich für das ihm entgegengebrachte Vertrauen bedankte. „Es ist unser ganz besonderes Anliegen, Sie wunschgemäß zum Ziele zu führen", hieß es darin. „Klingt ganz gut", murmelte Renate vor sich hin. Sehr gespannt las sie die beigefügten Expertisen und war enttäuscht. Das waren nicht die Vorschläge, die sie erwartet hatte. Sie entsprachen keineswegs den Probevorschlägen, die ihr vor Abschluß des Vertrages zugingen. Bevor die Aktion richtig anlief, bereute sie bereits, diesen Weg eingeschlagen zu haben. Entsprechend fiel auch ihr Brief an die Repräsentantin aus. Sie versäumte nicht, ihre Verwunderung darin zum Ausdruck zu bringen, daß versucht wurde, Herren zu vermitteln, die noch nicht geschieden waren, sondern nur getrennt lebten. Bei dieser Gelegenheit betonte sie erneut, daß sie ausschließlich Witwer kennenzulernen wünsche.

Zunächst erfolgte keine Reaktion. Dann erschienen mit schöner Regelmäßigkeit alle vier Wochen vier Expertisen. Von den darin wärmstens empfohlenen Herren meldete sich natürlich nicht jeder – Gott sei Dank nicht –, denn das wäre des Guten zuviel gewesen. Anrufer, die nicht genehm erschienen, hörten von Renate: „Vielen Dank für Ihren Anruf. Es tut mir sehr leid, aber ich habe mich inzwischen schon anderweitig entschieden." Das war der bequemste Weg, Indiskutable schnell loszuwerden.

IV

Der erste interessante Anrufer war ein selbständiger Kaufmann aus dem Rheinland. „Bis vor zwei Jahren Inhaber eines mehrfachen Millionen-Unternehmens, heute beteiligt an einer Im- und Exportfirma (Familienbesitz)", hieß es unter anderem in der Expertise.
„Ist mit den mehrfachen Millionen der Umsatz oder das Vermögen gemeint?" fragte sich Renate. „Für einen mehrfachen Millionär wäre ich natürlich keine adäquate Partnerin. Ich bin zwar nicht unvermögend, aber ich bin keine Millionärin und schon gar keine mehrfache", stellte sie sachlich fest.

Dieser Kaufmann war zwar auch geschieden. Da er aber bei seinem Anruf sehr sympathisch wirkte, stimmte Renate einem Treffen mit ihm in Düsseldorf zu. Ursprünglich wollte er sie in ihrem Heim besuchen. Aber sie hatte sich grundsätzlich vorgenommen, jedes erste Zusammentreffen auf neutralem Boden – etwa auf halbem Wege zwischen beider Wohnsitze – stattfinden zu lassen. Das war zunächst ganz unverbindlich und weniger riskant, als jemanden zu Hause zu empfangen und unter Umständen dann nicht zu wissen, wie ihn wieder loswerden. Außerdem bot ein Treffen auf neutralem Boden auch ihr selbst die besten Rückzugsmöglichkeiten.

Eines Samstagsnachmittags trafen sie sich in einem Café auf der Düsseldorfer Königsallee. Größe und Haarfarbe wußten sie voneinander, kannten selbstverständlich auch das Alter. Das besagte allerdings wenig, weil manche Menschen älter und andere jünger wirken, als sie sind. Aber es waren ungefähre Anhaltspunkte. Im Laufe der vierzehn Tage, die zwischen der ersten Kontaktaufnahme und dem persönlichen Treffen lagen, hatte dieser Kaufmann Renate jeden zweiten Tag angerufen. Letztmals meldete er sich am Tage des vereinbarten Treffens – kurz vor beider Abfahrt. Dadurch konnten sie sich gegenseitig informieren, an welcher Kleidung sie zu erkennen sein würden. Denn bei dem ständig wechselnden Wetter konnte niemand mehrere Tage oder gar Wochen vorher sagen, was er an welchem Tage tragen würde.

Renate war am Tage zuvor bei der Kosmetikerin und bei der Friseuse, hatte sich frühzeitig schlafen gelegt und wirkte, trotz längerer Autofahrt, verhältnismäßig jung, frisch und ausgeruht. Da es – Anfang Juli – sehr schön und reichlich warm war, hatte sie ein weißes Hemdblusenkleid, sportlich-elegant, gewählt, dessen Material trotz mehrstündiger Autofahrt knitterfrei blieb.

Leicht klopfenden Herzens betrat sie das Café, in dem sie verabredet waren. Es war nur spärlich besetzt. Während sie ihren Blick durch das Lokal gleiten ließ, erhob sich ein Herr, der allein an einem der Fenstertische saß, und kam elastischen Schrittes auf sie zu. Eine stattliche Erscheinung, sehr gepflegt – allerdings mit Glatze. Aber welcher Mann von fast sechzig Jahren hat schon noch volles Haar?

„Ist er's oder ist er's nicht?" überlegte Renate. In diesem Moment sprach er sie bereits an. Sie begrüßten sich wie gute, alte Bekannte. „Er scheint noch Kavalier alter Schule zu sein", stellte Renate erfreut fest, während sie zu dem von ihm ausgewählten Tisch gingen. Sie hätte allerdings viel lieber draußen, im Straßen-Café gesessen, weil es auf der Kö. immer viel zu sehen gibt. Außerdem beschäftigte sie sich gern mit Menschen, stellte fest, wie sie sich kleideten, wie sie sich gaben und zog daraus ihre Schlüsse. Aber solche Studien an Vorübergehenden waren im Augenblick nicht möglich. Draußen saß man dichtgedrängt. Die Gäste an den Nachbartischen hätten sicher ihrer Unterhaltung folgen können oder zumindest Wortfetzen aufgefangen. Bruchteile eines Gespräches können mitunter sinnentstellend und daher unangenehm oder gar peinlich sein. Außerdem war diese Unterhaltung auch nicht für die Ohren dritter Personen bestimmt. Und selbst wären sie viel zu sehr abgelenkt worden und hätten sich nicht ausschließlich auf das persönliche Gespräch konzentrieren können. Aus diesen Erwägungen unterließ es Renate, den Wunsch zu äußern, gern draußen zu sitzen.

Nach den üblichen Fragen und Floskeln über die gut verlaufenen Fahrten und die leidige Parkplatzsuche wählten sie Kuchen aus, bestellten Kaffee. Dann schilderte er seinen beruflichen und privaten Werdegang: „Zunächst, nach bestandenem Abitur, erhielt ich eine Ausbildung als Holzkaufmann. Dann kam der Krieg und mein Einsatz an der Ostfront. Als Oberleutnant geriet ich kurz vor Kriegsende in Gefangenschaft. 1946 kehrte ich in die Heimat zurück. Nach kurzer Erholungspause fand ich eine Tätigkeit als kaufmännischer Angestellter. 1948 – nur wenige Monate nach der

Währungsreform – gründete ich eine Großhandelsfirma mit einem sehr bescheidenen Anfangskapital. Meine Frau, die ich während des Krieges anläßlich eines Fronturlaubes kennenlernte und kurz vor der Währungsreform heiratete, hatte schwerste Bedenken. Sie hätte es viel lieber gesehen, ich wäre Angestellter geblieben. Doch das Schicksal meinte es damals recht gut mit mir. Das Geschäft florierte ausgezeichnet. Im Zuge des Wirtschaftswunders der fünfziger Jahre vervielfachte sich mein bescheidenes Anfangskapital sehr rasch. Das Unternehmen wuchs nicht nur von Jahr zu Jahr, sondern von Monat zu Monat." Den Blick für einige Sekunden nachdenklich in die Ferne gerichtet, erzählte er weiter: „Ich habe laufend mehr Personal beschäftigt, Gelände gekauft, gebaut. Nicht nur ein repräsentatives Einfamilienhaus, sondern auch ein stattliches Geschäftshaus konnte ich mein Eigen nennen. Allein mein persönlicher Büroraum erstreckte sich auf etwa 80 qm und war mit allen Schikanen ausgestattet. Zu meinem Betrieb gehörte natürlich auch ein entsprechender Fuhrpark", fügte er stolz hinzu. Nach kurzer Denkpause fuhr er fort: „Anfang der sechziger Jahre war dann der Wirtschaftswundergipfel überschritten. Die Geschäfte stagnierten, zum Teil waren sie auch leicht rückläufig. Diese Wende war von mir – wie von vielen anderen Geschäftsleuten auch – nicht einkalkuliert worden. Zunächst hoffte ich, es sei nur eine vorübergehende Flaute und wirtschaftete weiter, wie bisher. Mit Hilfe von Krediten und in der Hoffnung, die Situation in den Griff zu bekommen, wurden die bestehenden Pläne fortgeführt. Das ging noch einige Jahre gut, zumindest scheinbar, bis ich plötzlich eines Tages feststellen mußte, daß ich finanziell am Ende war. Ich wußte weder ein noch aus, wagte es zunächst meiner Frau gar nicht zu sagen. Sie hatte schon vor langer Zeit gewarnt und mich gebeten, etwas kürzer zu treten – mehr oder weniger gefühlsmäßig, denn mit dem Geschäft hatte sie nichts zu tun, verstand auch nichts davon.

Nach vielen schlaflosen Nächten, in denen ich immer wieder einen Ausweg suchte, blieb mir schließlich nichts anderes übrig als Konkurs anzumelden", berichtete er resigniert.

„Das ist ja furchtbar", sagte Renate erschüttert. Sie hatte ihm aufmerksam zugehört und fragte nun teilnahmsvoll: „Und wie ging es dann weiter?"

„Ja, wie ging es weiter. – Jetzt mußte ich meine Frau informieren, bevor sie das ganze Malheur aus den Tageszeitungen erfuhr. Und das fiel mir schwerer als die Anmeldung des Konkurses."

„Und wie reagierte Ihre Frau auf diese traurige Nachricht?" fragte Renate nachdenklich, während sie versuchte, sich in ihre Lage zu versetzen.

„Meine Niederlage nahm sie eigentlich recht gefaßt hin. Oder sie ließ sich ihren Schock nicht anmerken. Vielleicht ist ihr auch das Ausmaß dieser Situation erst nach und nach richtig klargeworden. Ich weiß es nicht. Jedenfalls war ich froh, daß das Gespräch glimpflich verlief."

„Das kann ich mir gut vorstellen", bemerkte Renate. Während sie noch überlegte, wie sie sich in einem solchen Fall verhalten hätte, sprach er weiter: „Schon nach kurzer Zeit erkrankte meine Frau – vegetative Dystonie –, weil sie die mit der Abwicklung des Konkurses verbundene, nervliche Belastung nicht verkraften konnte. Sie hatte zwar selbst nichts damit zu tun, bekam davon aber doch so allerlei mit. Das ließ sich gar nicht vermeiden. Auf Anraten des behandelnden Arztes wünschte sie eines Tages die Scheidung. Ich glaubte zunächst, nicht recht zu hören. Nach einigen unerfreulichen Auseinandersetzungen und nach Rücksprache mit dem Arzt stimmte ich ihrem Scheidungsbegehren zu. Es blieb mir nichts anderes übrig. – Ich überließ ihr das Einfamilienhaus, das seinerzeit aus Sicherheitsgründen sowieso auf ihren Namen erstellt worden war. Es fiel nicht unter die Konkursmasse, weil wir Gütertrennung hatten. Dann suchte ich mir ein möbliertes Zimmer und zog aus. Die Scheidung erfolgte auf Anraten der Anwälte im beiderseitigen Einvernehmen und ging ohne Schwierigkeiten über die Bühne."

„Der Umzug vom Einfamilienhaus in ein möbliertes Zimmer war natürlich eine harte Umstellung für Sie. Wir haben in den ersten Jahren nach unserer Übersiedelung aus der Deutschen Demokratischen Republik auch möbliert gewohnt. Ich weiß, was das bedeutet. Eine Umstellung in umgekehrter Richtung ist viel leichter." Renate war überzeugt davon, daß er den Konkurs bei etwas mehr Wachsamkeit und rechtzeitiger Reaktion auf die veränderten wirtschaftlichen Verhältnisse hätte verhindern können. Aber sie versuchte trotzdem, sich in seine mißliche Lage zu versetzen.
Er bemerkte ihre Nachdenklichkeit und unterbrach das Schweigen mit den Worten: „Nun, inzwischen geht es wieder bergauf. Ich habe eine kleine Handelsgesellschaft auf den Namen meines Sohnes gegründet, der zur Zeit noch studiert. Zunächst ist es nur ein Ein-Mann-Betrieb. Ich bin sein Angestellter – Geschäftsführer, Buchhalter, Postbote, alles in einer Person", versuchte er zu scherzen.
„Dadurch ist Ihnen wenigstens Ihre Selbständigkeit erhalten geblieben. Das ist besser, als wenn Sie in einem fremden Betrieb wieder als Angestellter tätig sein müßten", tröstete Renate. „Ja, der Meinung bin ich auch. Sobald mein Filius mit dem Studium fertig ist, soll er mich ablösen. Wenn nötig, werde ich noch stundenweise zur Verfügung stehen, je nach Umfang des Geschäftes. Im übrigen möchte ich mit meiner zweiten Frau viel reisen und mich von ihr verwöhnen lassen."
„Aha, daher weht der Wind", durchfuhr es Renate,

während sie seine Worte unergründlich lächelnd zur Kenntnis nahm. „Möglichst nichts mehr tun, aber gut leben. Wie stellt er sich das finanziell vor?" überlegte sie. Doch sie sprach ihre Bedenken nicht aus. Statt dessen fragte sie: „Geht es ihrer geschiedenen Frau inzwischen gesundheitlich wieder gut?"
„Oh ja, vielen Dank. Sie hat sich inzwischen an die veränderte Situation gewöhnt und ihre Krankheit überwunden. Trotz Scheidung stehen wir noch miteinander in Verbindung. Ich besuche sie einmal wöchentlich."
Als er Renates Erstaunen bemerkte, fügte er hinzu: „Die Aufrechterhaltung des Kontaktes ist aus steuerlichen Gründen notwendig." Und fast im gleichen Atemzug erwähnte er, daß er eine Wiederverheiratung mit seiner Frau erwogen habe. Dieser Vorschlag sei allerdings von ihr strikt abgelehnt worden.

„Entweder ist das fauler Zauber, was er da erzählt, oder er liebt seine geschiedene Frau noch immer", rätselte Renate. Sie hielt letzteres durchaus für möglich. Schließlich hatte er sich nur widerwillig scheiden lassen, weil seine Frau hartnäckig darauf bestand. Eine Verbindung aus steuerlichen Gründen bedurfte keines persönlichen Kontaktes in regelmäßigen Abständen von nur wenigen Tagen – schon gar nicht bei Gütertrennung. Aber sie widersprach ihm nicht.

„Nun habe ich aber genug von mir erzählt. Jetzt würde ich gern einmal etwas von Ihnen hören", forderte er Renate auf. Sie berichtete nur im Telegrammstil: „Ich stamme aus Mitteldeutschland, aus gutbürgerlicher Familie, hatte eine umfassende kaufmännische Ausbildung und war immer berufstätig. Das Leben als *Nur*-Hausfrau wäre mir zu eintönig. Vor nahezu 25 Jahren übersiedelten mein Mann und ich aus wirtschaftspolitischen Gründen nach Westdeutschland. Einzelheiten darüber möchte ich im Augenblick nicht erläutern. Das wäre zu zeitraubend. Wir haben hier verhältnismäßig schnell Fuß gefaßt. Dadurch war es möglich, daß sich mein Mann schon wenige Jahre nach unserer Übersiedlung erneut selbständig machen konnte. Seit einigen Jahren bin ich verwitwet – leider, denn wir führten eine sehr gute Ehe. Das Geschäft, in dem ich von Anfang an mitarbeitete, führe ich weiter. Das ist mein Werdegang in groben Zügen."

Während er überlegte, ob er dazu noch irgendwelche Fragen stellen sollte, sagte Renate, einen Blick auf ihre Armbanduhr werfend: „Ich glaube, es wird allmählich Zeit an die Heimfahrten zu denken. Wir haben bereits einige Stunden verplaudert."

„Ja", sagte er ziemlich gedankenverloren. „Ich habe eben darüber nachgedacht, daß Düsseldorf als gemeinsamer Wohnsitz für uns beide nicht uninteressant wäre. Wir könnten uns eine schöne Penthousewohnung oder ein Einfamilienhaus kaufen – vielleicht in Benrath oder Grafenberg oder einem anderen Stadtrandbezirk. Die Umgebung von Düsseldorf ist sehr schön. Das Bergische Land und das Sauerland sind nicht weit entfernt und gute Erholungsgebiete. Und Düsseldorf selbst bietet viele Annehmlichkeiten, beispielsweise in kultureller Hinsicht und an Einkaufsmöglichkeiten, besonders auf modischem Gebiet."

„Wer soll das bezahlen . . . ? – Er ist schon dabei mein Geld anzulegen oder zu verteilen", lästerte Renate gedanklich. Zu ihm gewandt sagte sie: „Ich stimme Ihnen zu. Düsseldorf ist eine schöne Stadt. Wir waren wiederholt hier, besonders anläßlich von Pferderennen in Düsseldorf-Grafenberg." Mit den Worten: „Na, wir werden sehen", wich sie einer konkreten Stellungnahme aus.

Nun schaute auch er auf seine Uhr und meinte: „Es wird tatsächlich Zeit, daß wir allmählich aufbrechen, um noch vor Anbruch der Dunkelheit nach Hause zu kommen."

Der Zufall wollte es, daß beide auf dem gleichen Parkplatz nebeneinander parkten, ohne es bisher zu wissen. Das stellte sich erst heraus, als er Renate zu ihrem Wagen begleitete. Sie war nach ihm angekommen und hatte nicht auf die polizeilichen Kennzeichen der benachbarten Fahrzeuge geachtet, weil sie froh war, verhältnismäßig rasch eine Parklücke gefunden zu haben. Sie wollte nicht unpünktlich sein.

Einen nagelneuen Mercedes 450 fuhr dieser Mann – trotz seiner Misere. Dieses Prunkstück war für Renate keine allzu große Überraschung mehr, denn im Laufe der Unterhaltung auf dem Wege zum Parkplatz hatte er den neuen Wagen erwähnt. „Er scheint aus dem Konkurs nichts gelernt zu haben", vermutete sie, bewunderte aber seine neue Errungenschaft gebührend, um ihn nicht zu kränken.

Nach wortreicher Verabschiedung fuhren sie in entgegengesetzten Richtungen davon. „Ich melde mich wieder", waren seine letzten Worte.

Auf der Heimfahrt ließ Renate das Gespräch noch einmal an sich vorüberziehen und kam zu folgendem Resultat: „Dieser Mann scheint doch sehr von sich und seiner Wirkung auf Frauen überzeugt zu sein. Sonst hätte er diese Aktion nicht gestartet. Der Inhalt der Expertise ist auf jeden Fall irreführend. Die Angaben können aber nur von ihm selbst stammen. Vielleicht glaubt er, auf diesem Wege schneller und leichter an das möglichst große Geld heranzukommen. Frauen sind leider manchmal in dieser Hinsicht sehr kurzsichtig. Ein vorzeigbarer Mann ist er auf jeden Fall. Er versteht es, sehr charmant zu plaudern und ist Kavalier alter Schule. Seine Schilderung über das Zustandekommen des Konkurses erschien glaubhaft. Demzufolge dürfte er auch wahrheitsliebend sein oder zumindest manchmal, denn auf dem Wege zum Parkplatz erwähnte er den Konkurs nochmals und versuchte, ihn so zu verniedlichen, als

habe er eben nur ein paar hundert Mark beim Roulett verloren. Sicher will er auch durch das Fahren des repräsentativen Wagens den Konkurs für alle nicht näher Eingeweihten bagatellisieren. Vermutlich läuft der Wagen noch auf Wechsel. Und die laufen bekanntlich schneller als das Fahrzeug selbst.
Wenn er in geordneten Verhältnissen leben würde, wäre er vielleicht ein angenehmer Partner. Aber eine gewisse Zwiespältigkeit ist nicht zu übersehen."
Er tat ihr leid. Trotzdem war Vernunft vorrangig. Schließlich kam sie zu dem Schluß, daß dieses Treffen nicht von Erfolg gekrönt war.

Renates Gesprächspartner meldete sich noch zu später Stunde, um zu erfragen, ob sie gut nach Hause gekommen sei und um zu berichten, daß auch seine Fahrt reibungslos verlief. „Tschüß, bis bald", sagte er am Ende des Gespräches recht vertraulich.

„Was nun?" fragte sich Renate und versuchte erst einmal zu schlafen.

Am nächsten Tag, beim üblichen Sonntagsausflug, wunderte sich Hedda, daß die sonst so aufgeschlossene Renate sehr einsilbig, manchmal fast geistesabwesend war. Sie wußte, daß sie sich am Tag vorher mit einem Geschäftsfreund und dessen Frau getroffen hatte – eine Notlüge, von der Renate nur ungern Gebrauch machte – und vermutete, daß es geschäftliche Probleme gab. Fragen mochte sie nicht, sie wollte nicht indiskret sein.

Renates Gedanken schweiften immer wieder zum Vortage zurück. Zu neuen Erkenntnissen kam sie dabei nicht. Deshalb schrieb sie noch am selben Abend ein paar Zeilen an den Kaufmann aus dem Rheinland und bat, vorläufig nicht bei ihr anzurufen. Eine Freundin käme überraschend für einige Wochen zu ihr. Nach Beendigung dieses Besuches würde sie sich melden.

Ihm kam diese Begründung sehr fadenscheinig vor. Weshalb schrieb sie ihm, anstatt anzurufen? Diese

Nachricht paßte nicht in sein Konzept. Denn seine Vorstellungen von einer Partnerschaft mit Renate hatten bereits konkrete Formen angenommen. Zunächst wollte er eine Mittelmeerreise mit ihr unternehmen, und zwar möglichst bald, damit sie sich besser kennenlernen könnten. „Hoffentlich ist sie kein Morgenmuffel", dachte er, „der bin ich selbst." Seine Ex-Frau war morgens auch nicht ansprechbar. Die zweite Frau sollte dagegen schon am Morgen heiter und beschwingt sein, um ihn aufzumuntern. Er verglich Renate immer wieder mit den Damen, die er kennengelernt hatte, bevor er mit ihr Kontakt aufnahm. Sie gefiel ihm bisher von allen am besten. Sie wirkte sehr ausgeglichen und konnte gut zuhören, was manchen Frauen schwerfiel. Das, was sie sagte, war wohlüberlegt. „Kleine Fehler wird sie natürlich auch haben", sagte er sich. „Aber wer hat die nicht." Er beschloß, sich nach der Mittelmeerreise an jedem Wochenende mit ihr zu treffen – wechselweise, mal bei sich, mal bei ihr. Weihnachten und den Jahreswechsel würden sie dann in der Schweiz verbringen können. Im Geiste sah er sich schon mit ihr durch Davos bummeln.

In der Zwischenzeit wollte er sich intensiv um ein Haus oder um eine Penthousewohnung im Raume Düsseldorf bemühen. Die Finanzierung dieser Vorhaben war für ihn zunächst von untergeordneter Bedeutung. Wenn alles so lief, wie er erwartete, würden sie im Frühjahr des kommenden Jahres heiraten können. Er sah einer sorgenfreien Zukunft entgegen. In Gedanken lag er schon im Liegestuhl auf der eigenen Terrasse und ließ sich von seiner zweiten Frau mit Drinks und Knabbereien verwöhnen. Seine Wunschträume steigerten sich von Tag zu Tag.

Von diesen Plänen ahnte Renate absolut nichts.

Inzwischen war die Repräsentantin aus ihrem Urlaub zurückgekehrt. Renate informierte sie über die Begegnung, über die gewonnenen Eindrücke und über ihren Entschluß. Gleichzeitig bat sie, dem Kaufmann möglichst schonend beizubringen, von weiteren Bemühungen abzusehen.

Beim Anruf der Repräsentantin fiel der arme Kerl buchstäblich aus allen Wolken. Er verstand die Welt nicht mehr. Die Möglichkeit einer Ablehnung hatte er bisher stets verdrängt. Aber auch diese Enttäuschung versuchte er schnellstens beiseite zu schieben. Schließlich hatte er schon Schlimmeres durchgestanden.

V

Nach einigen Wochen wandte sich ein Herr aus der Rhein-Main-Metropole schriftlich an Renate. Laut Expertise, die sie einige Tage vorher erhielt, war er selbständiger Finanz- und Börsenberater mit überdurchschnittlich hohem Einkommen und bester Vermögenslage. In seinem Brief kündigte er Tag und Uhrzeit seines Anrufes an.

„Weshalb so umständlich?" fragte sich Renate. – Sein Anruf kam prompt. Er wirkte humorvoll und gewandt. Gegen ein persönliches Gespräch war nichts einzuwenden. An einem der nächsten Samstage trafen sie sich in Mannheim.

Renate schlenderte am vereinbarten Treffpunkt gemächlich auf und ab. Sie sah einen Herrn auf sich zukommen, der recht auffällig gekleidet war, nicht ahnend, daß es sich dabei um ihren Gesprächspartner für die nächsten Stunden handelte. Sie nahm an, er käme zufällig vorüber. Plötzlich wurde sie namentlich angesprochen. Fragend und erstaunt blickte sie ihn an. Da nannte er bereits seinen Namen. Er war der Erwartete. Den hatte sie sich ganz anders vorgestellt. – Groß und schlank, mit dunkler Lockenpracht, die auf eine Perücke schließen ließ, stand er vor ihr. Er wirkte jünger als er war, aber auch irgendwie unnatürlich. Zu einem braunen Blazer trug er eine beigefarbene Hose und eine grellgelbe Krawatte zum fast weißen Oberhemd. Ein olivgrüner, langer Regenschirm hing ihm lässig über das linke Handgelenk. Einen hellen Popelinemantel hatte er salopp über die linke Schulter geworfen. Alles in allem wirkte er recht auffallend, keineswegs dezent oder gar vornehm.

Renate hatte ihre Verblüffung schnell überwunden. Seinem Vorschlag folgend, bummelten sie durch die fast menschenleere Innenstadt. Es war furchtbar heiß an diesem Tage. Wer konnte, blieb zu Hause oder suchte ein Freibad auf.

Er berichtete, daß er weder ein Auto noch einen eigenen Telefonanschluß besaß. Deshalb die umständliche Ankündigung seines Anrufes. Er hatte von einem Münzfernsprecher aus telefoniert. Angeblich wollte er sich aus steuerlichen Gründen in die Schweiz absetzen. Er war geschieden, hatte eine verheiratete Tochter und einen noch studierenden Sohn.

Der Mann wirkte nervös und unsicher, obwohl er sich sichtlich bemühte, ruhig und ausgeglichen zu erscheinen. Irgend etwas schien da nicht zu stimmen. Vielleicht deshalb die Maskerade? „Wo gibt es denn einen selbständigen Finanz- und Börsenberater, der seine Gespräche von einem Münzfernsprecher aus tätigt?" fragte sich Renate. „Bei jedem Umzug hat man doch das Telefon betriebs- und griffbereit bis das letzte Möbelstück aus der Wohnung oder aus dem Büro getragen wurde. Vielleicht will er erst Finanz- und Börsenberater werden. Für einen Endfünfziger allerdings kein leichtes Unterfangen, noch einmal neu zu beginnen", stellte sie insgeheim fest.

„Üben Sie Ihre derzeitige Tätigkeit schon lange aus?" fragte ihn Renate.

„Nun, schon ein ganzes Weilchen", antwortete er ausweichend. Nach dieser „sehr aufschlußreichen Antwort" stockte das Gespräch. Renate war noch skeptischer geworden.

„Mr. Kimble auf der Flucht." So oder ähnlich lautete einmal der Titel einer sehr beliebten Fernsehserie. Renate hatte sie zwar selbst nicht gesehen, aber das Verhalten dieses Mannes, sein ständiges sich Umsehen nach allen Seiten, erinnerte sie unwillkürlich an diese Serie, deren Titel oder deren Hauptdarsteller im Laufe der Zeit in weiten Kreisen der Bevölkerung zu einem feststehenden Begriff geworden war.

Renate hätte zu gern gewußt, was dieser Mann zu verbergen hatte, was in ihm – hinter seiner Stirn und der überdimensionalen Sonnenbrille – vorging. Doch das zu erforschen, war in so kurzer Zeit unmöglich. Sich erneut mit ihm zu treffen, stand für sie außer Diskussion. Sie war nicht an ihm interessiert. Irgendwie kam er ihr unheimlich vor. Lediglich studienhalber hätte sie das Geheimnis, das ihn zu umgeben schien, gern gelüftet. Diese Gedanken schwirrten ihr durch den Kopf, während sie beide ihre Eisbecher auslöffelten, die sie als kleine Erfrischung in der heißen Mittagszeit in einem schattig gelegenen und nur spärlich besetzten Straßen-Café zu sich nahmen.

Das Gespräch schleppte sich mehr oder weniger dahin. Entweder war Renate nicht die Frau, die ihm vorschwebte, oder ihre Aversion hatte sich auf ihn übertragen.

„Ich habe im Zusammenhang mit der mir bevorstehenden Übersiedelung in die Schweiz noch sehr viel Arbeit zu bewältigen", sagte er plötzlich. „Sobald alles einigermaßen geregelt ist, werde ich mich wieder melden. Dann können wir uns vielleicht einmal zu einem längeren Gespräch oder zu einer Wochenendreise verabreden."

Renate stimmte seinem Vorschlag zu. Auf diese Weise gewann sie Zeit und konnte die Repräsentantin bitten, in ihrem Namen abzusagen.

Nach liebenswürdiger Verabschiedung fuhr er mit der Bundesbahn nach Hause. Der Finanz- und Börsenberater empfand weder Zuneigung noch Begeisterung für Renate. Er hatte sie sich auch anders vorgestellt, lebenslustiger. Während des Telefonates hatte sie aufgeschlossener gewirkt. Bei der heutigen Begegnung war sie ihm zu ruhig, fast langweilig erschienen. Enttäuscht fuhr er nach Hause. Die für dieses Treffen aufgewendete Zeit tat im leid. Ein Wiedersehen hatte er nur deshalb vorgeschlagen, um sich einen guten Abgang zu verschaffen. Bei seiner nächsten Unterredung mit der Repräsentantin erfuhr er dann, daß Renates Zustimmung zu seinem Vorschlag auch nur ein Scheinmanöver war. Dadurch erübrigte sich alles weitere.

Renate nutzte noch einige Stunden für einen recht interessanten Schaufensterbummel in Mannheim. Dann fuhr sie leicht erschüttert heimwärts. Sie hatte geglaubt, daß die Institute Angaben ihrer Klienten nachprüften, bevor sie ihre Vermittlertätigkeit aufnahmen. Das schien offensichtlich nicht üblich zu sein. – Später erfuhr sie durch die Repräsentantin, daß das ein viel zu großer Arbeitsaufwand wäre, der die Vermittlungsgebühren noch erheblich erhöhen würde. Das bedeutete, daß es keine Garantie dafür gab, daß ausschließlich seriöse Menschen empfohlen wurden. Nach dieser Erkenntnis hätte Renate den Vertragsabschluß mit dem Institut am liebsten annulliert.

VI

Eines Tages rief ein Jurist aus dem Elsaß Renate an. Er war geschieden und kinderlos. Seine Freizeit verbrachte er auf einem einsam gelegenen Bauernhof in den Vogesen, den er unlängst erworben hatte. Diese Schilderungen erschienen Renate reizvoll. Seine Stimme klang sympathisch. Deshalb stimmte sie dem von ihm vorgeschlagenen Treffen zu. Sie einigten sich auf Baden-Baden in Verbindung mit Renates Wochenendbesuch in Badenweiler. An einem Montagnachmittag saßen sie sich im Kurhaus-Restaurant gegenüber. Im Laufe des Gespräches stellte sich heraus, daß ihm das Hobby – nämlich der Bauernhof – wichtiger war als sein Beruf. Offensichtlich begeistert erzählte er: „Der Hof ist seit langer Zeit nicht mehr bewirtschaftet. Das Unkraut rings um das Haus ist meterhoch. Ein Trampelpfad dient als Zugang zum Hause. Ein weiterer Trampelpfad führt zur Pumpe hinter dem Haus, an der ich das Wasser holen muß, weil es im Hause weder Wasseranschluß noch elektrisches Licht, noch Kanalisation gibt. Neben dem Hause existiert noch das berüchtigte Häuschen mit Herzchen. Das Haus ist leider an allen Ecken und Kanten reparaturbedürftig. Anfangs tropfte sogar das Regenwasser durch das Dach. Doch das habe ich inzwischen dicht bekommen", betonte er voller Stolz auf seine handwerklichen Fähigkeiten.

Renate hörte sich den „phantastischen Bericht" aufmerksam und leicht amüsiert an. Zunächst hatte sie vermutet, diese Erzählung laufe auf einen Scherz hinaus. Dem war nicht so. Im Geist sah sie ihn mit aufgespanntem Regenschirm im Bett sitzen. Ähnlich, wie Spitzweg eine vergleichbare Situation auf einem seiner Bilder dargestellt hatte. Sie mußte sich krampfhaft bemühen, nicht herzhaft darüber zu lachen. Für einen derartigen Heiterkeitsausbruch hätte er sicher kein Verständnis gehabt. Er nahm diese Angelegenheit sehr ernst und sehr wichtig, schien leider wenig Humor zu besitzen.

„Und was soll aus dem ganzen Objekt werden?" fragte

sie schließlich. „Nichts", lautete seine Antwort. „Das ist mein Ferien- und Freizeitdomizil. Es ist doch romantisch, nach getaner Arbeit bei Kerzenlicht eine Mahlzeit einzunehmen, die auf einem alten Küchenherd aus Urgroßmutters Zeiten mit Holz- oder Kohlefeuerung zubereitet wurde.
Und die Morgentoilette mit klarem Wasser aus der Pumpe ist unheimlich erfrischend", fügte er begeistert hinzu. Er kam derart ins Schwärmen, als handle es sich bei dieser Wildnis um ein kostbares Kleinod. In diese Begeisterung konnte Renate nicht einstimmen. Sie war zwar auch romantisch veranlagt. Trotzdem machte sie sich gern die technischen Errungenschaften des 20. Jahrhunderts nutzbar. Es wäre ihr nicht im Traum eingefallen, wie ein Steinzeitmensch zu leben. Deshalb fragte sie auch: „Wäre es nicht besser, das Haus nach entsprechender Instandsetzung zu vermieten oder zu verpachten? Wenn Sie dann ein oder zwei Zimmer für sich behielten, hätten Sie Ihre Ordnung, wenn Sie nach getaner Arbeit dorthin kämen, und Ihr Aufenthalt würde zu einer echten Erholung."

Davon wollte er absolut nichts wissen. Er hatte es sich in den Kopf gesetzt, das Haus aus eigener Kraft instandzusetzen. Das war sicher nicht einfach. Wie er schilderte, war schon der Antransport der benötigten Materialien äußerst schwierig, weil die ganze Gegend sehr unwegsam war. Nach Erreichen der Altersgrenze wollte er dort mehr oder weniger als Einsiedler leben – ohne Rundfunk, ohne Fernsehen, ohne Telefon.

„Was würden Sie ohne Telefon anfangen, wenn Sie beispielsweise einmal dringend einen Arzt brauchten?" bat Renate zu bedenken. „Ich kann mir in jedem Falle selbst helfen", sagte er voller Überzeugung.

„Aber es könnte doch auch einmal eine Situation eintreten, die Sie nicht allein bewältigen können."

Diesen Einwand wischte er mit einer Handbewegung beiseite.

„Ich bin auch nicht der Typ, der jeden Abend vor dem Fernsehgerät sitzt oder ständig Rundfunkübertragungen als Hintergrundkulisse braucht", setzte Renate das Gespräch fort. „Aber ich finde, diese Dinge gehören heute einfach zum Leben, müssen wenigstens vorhanden, greifbar sein." Dazu äußerte er sich nicht. Er schwieg und blickte traumverloren in die Ferne.

Für Theater- und Konzertbesuche interessierte er sich auch nicht, wie das weitere Gespräch ergab. Das Lesen war ihm bei Kerzenlicht zu anstrengend. Urlaubsreisen verabscheute er, weil sich in Hotels und an Badestränden oder anderswo zu viele Menschen tummelten. Diese Einstellung war für Renate unbegreiflich. Sie schätzte menschliche Kontakte und alle Annehmlichkeiten, die das Leben bot. Und das verheimlichte sie ihm auch nicht.

„Kein Wunder, wenn dem die Frau davongelaufen ist. Was mag ihr wohl ursprünglich an ihm gefallen haben?" rätselte Renate.

„Er ist ein asketischer Typ mit herben Gesichtszügen – kaum anziehend. Lediglich während seiner schwärmerischen Schilderung über sein Bauernhaus wirkte er sympathischer. Da wirkte er wie ein Schuljunge, der seine Zukunft in rosa-roten Farben sieht. –

Vielleicht war er früher anders? Möglicherweise ist er durch schlechte Erfahrungen in zwischenmenschlichen Beziehungen hart und stur geworden", vermutete sie.

Da Renate eine weitere Unterhaltung für sinnlos hielt, verabschiedete sie sich mit der Begründung, daß sie noch nach einer kranken Freundin sehen müsse. Sie hatte ohnehin noch eine mehrstündige Autofahrt vor sich.

Unterwegs mußte sie sich erst einmal darüber klarwerden, ob dieses Gespräch tatsächlich stattgefunden oder ob sie alles nur geträumt hatte. „Wie kann ein Mann in dieser Position so weltfremd sein?" fragte sie sich.

Zum Glück hatte er die Frage nach einem weiteren Treffen nicht gestellt. Vermutlich war sie ihm viel zu fortschrittlich in ihren Ansichten.

Unzufrieden und lustlos saß der Jurist noch eine Zeitlang im Kurhaus und grübelte vor sich hin. „Frauen sind doch undefinierbare Geschöpfe", stellte er verbittert fest. Während seiner Heimfahrt kam er dann wieder einmal zu dem Schluß, daß es bisher kaum eine Frau gab, die ihm das nötige Verständnis entgegenbrachte. Eine deprimierende Feststellung. –

An einem der folgenden Tage informierte Renate die Repräsentantin über die recht seltsame Lebenseinstellung dieses Sonderlings.

VII

Beim Abschluß des Vermittlungsvertrages, kurz nach Ostern, hatte Renate gehofft, bis zum nächsten Weihnachtsfest einen adäquaten Partner für den Rest des Lebens gefunden zu haben. Als es dann im September nicht so aussah, als würde sie die nächsten Weihnachtstage in trauter Zweisamkeit verbringen können, plante sie zusammen mit Hedda einen Urlaub in Baden-Baden. Während dieser Festtage und zum Jahreswechsel wollte sie weder Trübsal blasen noch auf gutgemeinte Einladungen im Freundeskreis angewiesen sein. Natürlich könnte sie auch selbst Einladungen ergehen lassen. Aber dazu verspürte sie erst recht keine Lust. Tapetenwechsel würde ihnen beiden in jedem Falle guttun, meinte Hedda und drängte schon seit einiger Zeit auf entsprechende Vorbereitungen. „Vielleicht bietet das neue Jahr neue Möglichkeiten", hoffte Renate.

Mitten in die Urlaubsplanung hinein flatterten einige Expertisen. „Das muß ein Universal-Genie sein", frohlockte Renate, als sie las: „Professor..., dreifaches Studium, Naturwissenschaften und Geographie, Soziologie, Psychologie, spricht englisch, französisch, spanisch, portugiesisch, schwedisch, türkisch und italienisch. Tätig als Wissenschaftler und Experte deutscher und internationaler Organisation für wirtschaftliche Entwicklung und regionale Planung, auch in Übersee."

„Sicher eine interessante Persönlichkeit", vermutete Renate – „sofern das alles stimmt, was da geschrieben steht." Auf Grund ihrer bisherigen Erfahrungen war sie Expertisen gegenüber skeptisch geworden.

„Natürlich auch geschieden. Sind denn Witwer restlos ausgestorben?" fragte sie sich.

Der vom Institut so hoch gepriesene Herr rief tatsächlich an. Im Laufe der Unterhaltung stellte sich heraus, daß er nicht alle angeführten Sprachen beherrschte. Er konnte sie angeblich zwar verstehen, aber nur wenige auch sprechen. Im Auftrage der Regierung reiste er dann und wann in Entwicklungsländer. Ansonsten privatisierte er. An seinem Haus baute er an und um und bearbeitete seinen Garten. Seine weit über achtzig Jahre alte Mutter wohnte bei ihm. Die bei seiner geschiedenen Frau lebenden Kinder, die noch nicht volljährig waren, gingen nach Belieben in seinem Hause ein und aus. Wie er andeutete, schien es ihm nicht recht zu behagen, daß jeder seiner Sprößlinge tat, was ihm gerade paßte. Aber er fühlte sich außerstande, Ordnung in diese Verhältnisse zu bringen. Und seine Mutter war zu alt, um das Regiment zu führen.

Es war ein langes Gespräch geworden.

„Das alles klang nicht gerade verlockend", überlegte

Renate. „Ob es ihm an Entschlußkraft, Willensstärke und Durchsetzungsvermögen fehlt?"

Während sie ihren Gedanken nachhing und sich bemühte, nicht vorschnell zu urteilen, saß er mehrere hundert Kilometer entfernt an seinem Schreibtisch und schrieb ihr einige Zeilen. Er bedankte sich, daß sie so geduldig zugehört hatte und legte ein Foto bei. Darauf sah er nicht übel aus.

Etwa zwei Wochen später trafen sie sich, wie verabredet, in Köln. Er kam mit der Bundesbahn, weil er lange Autofahrten verabscheute. Renate erschien mit ihrem Wagen. Durch Parkplatzschwierigkeiten hatte sie sich um wenige Minuten verspätet. In der Bahnhofshalle sah sie vor der Bundesbahnauskunft – dem vereinbarten Treffpunkt – einen Herrn auf und ab gehen. „Ob er das ist?" fragte sie sich. Die Ähnlichkeit mit dem Herrn auf dem Foto war recht zweifelhaft. Aus einiger Entfernung beobachtete sie ihn ein Weilchen. Er wirkte sehr unbeholfen und war unvorteilhaft gekleidet. Am liebsten wäre sie klammheimlich verschwunden. Doch sie wollte nicht unhöflich sein.

Schweren Herzens und gemächlichen Schrittes ging sie in Richtung Bundesbahnauskunft. Kurz bevor Renate mit ihm zusammentraf, schlenderte eine junge Frau vorbei. Die fragte er: „Sind Sie Frau . . .?" Noch bevor sie antworten konnte, sagte er: „Ach nein, Entschuldigung."

„Die könnte altersmäßig meine Tochter sein", stellte Renate fest. „Das hätte er aber gleich erkennen müssen."

Nun schritt sie neben ihm her und sprach ihn namentlich an. Während der Begrüßung fiel ihr unangenehm auf, daß er sehr ungepflegt aussah. So hätte sie ihn niemals in ihren Bekanntenkreis einführen können. Zunächst entschuldigte sie sich für ihre Verspätung – unter Hinweis auf die Parkplatzschwierigkeiten.

Einer plötzlichen Eingebung folgend, eröffnete sie ihm mit großem Bedauern, daß völlig unvorhergesehenerweise eine unaufschiebbare Geschäftsreise erforderlich geworden sei, die sie zwinge, sofort weiterzufahren. „Leider konnte ich Sie telefonisch nicht mehr erreichen, um unser Treffen abzusagen. Deshalb nahm ich diesen Umweg in Kauf. Ich wollte Sie nicht unnötig warten und im Ungewissen lassen. Entschuldigen Sie mich jetzt bitte." Ehe er begriff, wie ihm geschah und bevor er reagieren konnte, entschwebte sie mit den Worten: „Ich melde mich, sobald es meine Zeit erlaubt."

Diese Sekunden waren für ihn sehr enttäuschend und erschienen ihm wie ein böser Traum.

Renate kehrte eiligst zu ihrem Wagen zurück und verließ fluchtartig die Stadt. Er stand in der Bahnhofshalle noch immer an der gleichen Stelle. Es fiel ihm schwer, sich dazu durchzuringen, sofort wieder nach Hause zurückzufahren. Aber ziellos durch Köln zu bummeln – in dieser Stimmung – erschien ihm auch nicht ratsam. „Welch Glück, daß ich meiner Mutter von dieser Niederlage nichts zu erzählen brauche", dachte er, als er wieder im Zug saß. Seine Mutter glaubte, er sei beruflich unterwegs. Sie ahnte nicht, daß er sich seit geraumer Zeit krampfhaft bemühte, wieder eine Lebensgefährtin zu finden. Seitdem es – lange vor der Scheidung – in seiner Ehe zu kriseln begann, war Mutter wieder seine einzige Bezugsperson. Um sie nicht zu beunruhigen, wollte er sie auch vorerst in dem Glauben lassen, daß sie es bis an ihr Lebensende bleiben würde. Sollte er früher oder später eine akzeptable Partnerin finden, dann müßte sie auch seiner Mutter gefallen und dazu bereit sein, die alte Dame notfalls zu betreuen. Das hatte er sich fest vorgenommen.

Unerklärlich war ihm, weshalb alle bisherigen Treffen mit der „holden Weiblichkeit" so schnell und so enttäuschend für ihn endeten, trotz vorausgegangener harmonischer Telefonate. Es war nicht das erste Mal, daß er gleich nach der Begrüßung „abgehängt" wurde.

Ein sorgfältiger Blick in den Spiegel hätte ihm die Gründe verraten können. Aber er gehörte leider zu den Menschen, die für Äußerlichkeiten keinen Sinn besitzen. Dessen war er sich nur nicht bewußt.

Auf der Heimfahrt ließ Renate die Geschehnisse noch einmal „Revue passieren". Unwillkürlich mußte sie über diese Szene, die fast bühnenreif war, lachen. Es war ihr allerdings schleierhaft, wie sie schlagartig zu dieser Reaktion kam. Da mußte ein Dritter Regie geführt haben.

„Ein Glück, wenn man mit dem eigenen Wagen unterwegs und nicht auf Zugverbindungen angewiesen ist", konstatierte sie erleichtert. Ein wenig tat ihr der „arme Verblüffte" schon leid. „Ob er wohl noch immer in der Bahnhofshalle steht oder ob er eine frühere Rückfahrmöglichkeit fand als ursprünglich vorgesehen?" Ihr war mulmig zumute. „Mein Verhalten war keineswegs lady-like", registrierte sie schuldbewußt, „gentleman-like war sein Auftreten und sein Aussehen aber auch nicht", beschwichtigte sie ihr schlechtes Gewissen. Auf jeden Fall mußte das Foto, das er ihr geschickt hatte, schon etliche Jahre alt sein. Das war nicht fair. Auf dem Bild hatte er noch volles, leicht gewelltes, brünettes Haar. Jetzt dagegen zog er ein paar dünne, graue Haarsträhnen von einer Seite des Kopfes zur anderen, um die Glatze zu verdecken. Die war aber trotzdem nicht zu übersehen. Auf dem Foto sah er schlanker aus, während er heute recht pummelig und dadurch auch kleiner wirkte. Aber das alles wäre nicht ausschlaggebend gewesen. Renate störte vor allem seine Ungepflegtheit, die nicht zu übersehen war. Sein viel zu langer, schäbiger Mantel, der schleppende Gang und eine ramponierte Aktentasche, die er neben sich her schlenkerte, erinnerten eher an einen Clochard als an einen gutsituierten Herrn. Wie ein weitgereister Mann wirkte er keinesfalls. Es fehlte die Weltgewandtheit, ein gewisses Flair.

Renate fiel wieder ein, daß er schon während des langen Telefonates erwähnte, daß er bei Frauen bisher stets Pech gehabt habe. Kein Wunder. Bei einer solch guten Expertise mußte natürlich jede Frau von den höchsten Höhen in die tiefsten Tiefen fallen, sobald sie ihm gegenüberstand. Damit erwies ihm das Institut keinen besonders guten Dienst. Ganz im Gegenteil. Aber wer weiß, wie diese Expertise entstanden sein mochte.

Mit ein paar Dankeszeilen schickte sie sein Foto zurück und beteuerte, daß sie infolge starker, beruflicher Inanspruchnahme in absehbarer Zeit keine Möglichkeit für ein weiteres Treffen sähe. – Damit hatte er auch nicht mehr gerechnet.

VIII

Die Zeit verrann. Der Weihnachtsurlaub rückte in greifbare Nähe. Am 23. Dezember fuhren Hedda und Renate nach Baden-Baden. Sie freuten sich auf die bevorstehenden Tage. Aber es war keine ungetrübte Freude. Der Blick zurück schmälerte sie. Doch die Vergangenheit war unwiederbringlich. Das wußten beide. Deshalb nahmen sie sich vor, das Beste aus diesem Urlaub zu machen.

Die Tage in Baden-Baden waren abwechslungsreich und erholsam. Es stellte sich bald heraus, daß die Zeit des geplanten Aufenthaltes viel zu kurz war, um alle gebotenen Möglichkeiten der Unterhaltung und Ablenkung auszuschöpfen. Die täglichen Spaziergänge durch den großen Kurpark ließen sich durch die Vielzahl der Wege sehr variabel gestalten. Auch entlang der Oos mit den romantisch anmutenden Brücken und in der Lichtentaler Allee konnten sie angenehm lustwandeln. Bei weniger günstigem Wetter bot ein Schaufensterbummel unter den eleganten Kolonnaden eine willkommene Abwechslung. Die exklusiven Auslagen brachten manche Anregung. Beim Anblick der kunstvollen, alten Gas-Kandelaber vor dem Kurhaus fühlten sich Hedda und Renate jedesmal um mindestens ein halbes Jahrhundert zurückversetzt. Eine Stadtrundfahrt in nostalgischer Pferdekutsche ließen sie sich auch nicht entgehen. Ein Pferdeschlitten wäre natürlich noch romantischer gewesen. Leider fehlte der Schnee – trotz winterlicher Jahreszeit.

Auch ein Stadtbummel durch die autofreie Altstadt, die noch nicht lange existierende Fußgängerzone, stand auf ihrem Programm und wurde absolviert. Kurkonzerte, Kasino-, Theater- und Museumsbesuche rundeten die reichhaltige Palette ihrer Unternehmungen ab.

Ein Besuch des Baden-Badener Hausberges und die Benutzung der Bergbahn wurde bis zum Sommerurlaub zurückgestellt, weil zu dieser Zeit die Fernsicht zu schlecht war. Möglicherweise war die Bergbahn im Winter sogar außer Betrieb. Das hatten sie gar nicht erkundet.

Bei der bekannt guten Badischen Küche genossen sie die Mahlzeiten, ohne einen Gedanken an die Tücke der Kalorien zu verschwenden. Der Kummer über die zu vielen Pfunde, kam erst im Anschluß an die schönen Urlaubstage. Nicht ganz schuldlos waren dabei die regelmäßigen Nachmittagsbesuche im Kurhaus-Café und der häufige Genuß von Schwarzwälder Kirschtorte. Doch sie ließen sich dadurch die positive Erinnerung an Baden-Baden nicht trüben.

Die Rückkehr in die eigene Häuslichkeit ließ den üblichen Kummer, das Gefühl des Verlassenseins, bei beiden Frauen erneut aufflammen. Renate kämpfte mit eiserner Energie dagegen an. Doch mit wenig Erfolg. So sehr sie sich auch bemühte. Und Hedda wollte – wie schon nach der Osterreise – gleich wieder wegfahren. Es fehlte beiden die Geborgenheit, die sie an der Seite ihrer Ehepartner so wohltuend empfunden und oft als selbstverständlich hingenommen hatten.

IX

Winter und Faschingszeit waren vorüber. Die Natur war zu neuem Leben erwacht. An einem schönen, sonnigen März-Tage traf sich Renate mit einem Deutsch-Amerikaner, der erst kürzlich aus den Staaten in die alte Heimat zurückgekehrt war. In einem kleinen Café in Frankfurt saßen sie sich gegenüber. Mit einem Stoßseufzer und den Worten: „Es ist schön, wieder in der Heimat zu sein", eröffnete er das Gespräch. „Es hat sich allerdings in den drei Jahrzehnten, die ich nicht hier war, viel verändert. Gute Bekannte und Freunde von einst sind zum größten Teil inzwischen verstorben, vor allem auch meine Eltern, die mir sehr fehlen. Aber ich hoffe, mich im Laufe der Zeit hier wieder einzuleben und mich wirklich zu Hause zu fühlen. Zur Zeit ist manches noch ungewohnt für mich. Ich bin erst seit drei Wochen wieder hier. Das Leben drüben ist in vielerlei Hinsicht anders. Doch darüber später mehr.

Von Beruf bin ich Kunstmaler, wie Sie bereits wissen. Ich bin seit einiger Zeit geschieden, nachdem ich zweimal mit ein und derselben Frau verheiratet war."

Renate sah ihn überrascht an: „Zweimal mit ein und derselben Frau verheiratet? Wie war das denn möglich?"

Wehmütig lächelnd fuhr er fort: „Ich habe verhältnismäßig spät, vor etwa elf Jahren, zum ersten Male geheiratet. Es kam mir darauf an, erst einen ausreichenden, finanziellen Hintergrund zu schaffen, bevor ich eine Familie gründe. Das ist mir auch gelungen. Dann ging ich auf die Pirsch. – Ehrlich gesagt, im Bekanntenkreis – anläßlich einer Party – lernte ich ein hübsches, junges, lebenslustiges Mädel kennen. Es war Liebe auf den ersten Blick. Sie sah genauso aus, wie ich mir meine zukünftige Frau immer vorgestellt und gewünscht hatte. Da ich auch ihr nicht unsympathisch zu sein schien, wurde aus dieser Begegnung eine Freundschaft. Ein halbes Jahr später heirateten wir. Ihre Eltern waren übrigens auch Deutsche und etwa zur gleichen Zeit in die Staaten gekommen, wie ich. Meine Ex-Frau ist in Amerika geboren.

Anfangs war unsere Ehe wunderbar", sagte er in schwärmerischem Ton. „Es war alles eitel Wonne, Sonnenschein. Ich brauchte mich nicht mehr um häuslichen Kleinkram zu kümmern. Die Regelung finanzieller Dinge überließ ich meiner Frau natürlich auch. In meiner Verliebtheit war ich davon überzeugt, daß sie alles bestens erledigen würde. Das ging auch jahrelang gut. Doch irgendwann begann sich meine Frau zu langweilen. Ich habe das zunächst nicht bemerkt. Mir fiel nur auf, daß sie sich öfter als bisher ein neues Kleid kaufte. Ich dachte mir aber nichts dabei. Wir konnten es uns leisten. Warum sollte sie nicht kaufen, was ihr Spaß machte. Kinder hatten wir nicht.

Allmählich begann sie dann die Rolle des Luxusweibchens zu spielen. Immer öfter und immer länger war sie unterwegs. Ihre häuslichen Pflichten nahm sie nicht mehr so ernst, vernachlässigte sie sogar. Eines Tages kam ich dahinter, daß sie mich betrog. Nicht etwa nur mit einem Mann, nein, gleich mit mehreren. Endlich war ich aus meiner Sorglosigkeit erwacht. Gute Freunde und Bekannte wußten längst, welche Doppelrolle meine Frau seit langer Zeit spielte. Es hatte nur keiner gewagt, mir die Augen zu öffnen, weil ich mich immer sehr geschmeichelt fühlte, eine junge und attraktive Frau zu haben.

Eiligst überprüfte ich unsere Finanzen und stellte fest, daß sie mit dem Geld zu großzügig gewirtschaftet hatte. Unliebsame Auseinandersetzungen folgten. An die gelobte Besserung hielt sie sich nicht. Es kam zur Scheidung. Eine harte Umstellung für mich, da ich seit sieben Jahren gewohnt war, nur noch meinem Beruf zu leben und in meiner knapp bemessenen Freizeit für meine Frau dazusein, mich aber ansonsten um nichts mehr kümmerte.

Ich war psychisch und finanziell ruiniert. Aber der Mensch gewöhnt sich an vieles. Und so lebte ich mich zwangsläufig in meine neue Rolle als Single nach und nach wieder ein.

Eines Tages, etwa ein Jahr nach der Scheidung, kaufte ich wieder einmal Lebensmittel ein, und zwar in einem Geschäft, in dem wir immer Stammkunden waren. Plötzlich stand meine geschiedene Frau rein zufällig neben mir – sehr traurig und niedergeschlagen, scheinbar mit all ihren Anhängern verkracht. Trotz allem, was geschehen war, freute ich mich, sie wiederzusehen und lud sie zu einem Drink in das benachbarte Lokal ein.
– Das war ein großer Fehler von mir. –

Sie beteuerte, wie sehr sie mich vermisse und wie töricht sie gewesen sei, unsere gute Ehe aufs Spiel zu setzen. Das sei ihr schon kurz nach der Scheidung bewußt geworden. „Können wir uns denn nicht wenigstens ab und zu einmal sehen?" fragte sie mit flehendem Augenaufschlag.

Ich stimmte zu. Denn alles, was ich soeben von ihr gehört hatte, war Musik für meine Ohren. Ich liebte sie noch immer. Leider – ich Trottel – muß ich heute sagen. Denn nach etwa einem halben Jahr hatte sie erreicht, daß ich sie zum zweiten Male heiratete.

Wieder war alles wunderbar, wie zu Beginn der ersten Ehe mit ihr. Doch der himmlische Zustand, den ich nun für immer zu haben glaubte, hielt – trotz ihrer vielen, guten Vorsätze und Versprechungen – nicht lange an. Ihr Doppelspiel begann erneut, nach dem Motto: ‚Die Katze läßt das Mausen nicht.' Nur diesmal war ich – auf Grund der Erfahrungen aus erster Ehe mit ihr – wachsamer, nicht mehr so gutgläubig. Ich durchschaute ihre Ausreden und unredlichen Beteuerungen schneller. Eine zweite Scheidung war durch die erneuten Vorkommnisse unumgänglich.

Heute bin ich der Meinung, daß unser Zusammentreffen damals nicht rein zufällig war. Ich vermute, sie hat meine Gewohnheiten während einiger Zeit beobachtet oder beobachten lassen und dann den sogenannten Zufall herbeigeführt. Raffiniert genug dazu war und ist sie.

Um nicht Gefahr zu laufen, ihr ein drittes Mal zu begegnen und ins Netz zu gehen, entschloß ich mich, in die alte Heimat zurückzukehren. Sehnsucht danach hatte ich schon seit langer Zeit. Nur meine Frau war nicht bereit, mit mir eine Reise in die Bundesrepublik Deutschland zu unternehmen. Sie fürchtete vielleicht, daß wir hier hängenbleiben könnten. Und das wollte sie auf gar keinen Fall.

Nun sitze ich hier – mutterseelenallein. Mit ehemaligen Freunden und Bekannten habe ich leider keine Korrespondenzen unterhalten. Aber ich hoffte, sie – zumindest zu einem gewissen Prozentsatz – noch anzutreffen. Leider sind inzwischen schon viele verstorben, wie vorhin bereits erwähnt. Andere sind verzogen. Dadurch muß ich mir erst einen neuen Freundeskreis schaffen. Und das ist gar nicht so leicht in der heutigen, hektischen Zeit."

Er war sehr nachdenklich geworden.

„Ich kann mir gut vorstellen, daß es für Sie sehr

schwer ist, sich umzustellen, sich neu zu orientieren. Es braucht eben alles seine Zeit. Aber ich bin davon überzeugt, daß Sie es schaffen werden." Mit diesen Worten versuchte Renate ihn ein wenig zu ermutigen.

Um ihn von seinen Problemen abzulenken, schilderte sie – allerdings nur im Telegrammstil – ihren beruflichen Werdegang und erwähnte die gute Ehe, die ihr Mann und sie miteinander geführt hatten.

„Könnten Sie sich vorstellen, in eine andere Stadt überzusiedeln?" fragte er spontan.

„So generell kann ich diese Frage leider nicht beantworten. Es kommt ganz darauf an, um welche Stadt es sich handeln würde", antwortete sie ausweichend. Sie wollte sich nicht festlegen – noch nicht. Er ging nicht näher darauf ein. Seine Zukunft lag noch zu ungewiß vor ihm. Er hatte zwar konkrete Pläne und Vorstellungen, aber es war zunächst abzuwarten, ob sich diese verwirklichen ließen. Offensichtlich hatte es ihm gutgetan, über seine Probleme sprechen zu können. Da ihm Renate gefiel, lud er sie zum Essen ein. Sie lehnte dankend ab, weil sie befürchtete, daß er sich die dadurch entstehenden Ausgaben anschließend im wahrsten Sinne des Wortes vom Munde absparen müsse. Es schien ihm zur Zeit finanziell nicht gut zu gehen. Er mußte erst wieder Fuß fassen. Außerdem wollte sie keinerlei Verpflichtungen eingehen.

Sie unterhielten sich noch ein wenig über die allgemeinen wirtschaftlichen Verhältnisse in der Bundesrepublik. Dann verabschiedeten sie sich mit dem Versprechen, sich in etwa acht Tagen erneut zu treffen.

„Er ist ein recht sympathischer Mensch", dachte Renate auf ihrer Rückfahrt. „In seinem Äußeren ist er eine typische Künstlernatur, etwas salopp und extravagant. Sowohl stimmlich als auch äußerlich besitzt er große Ähnlichkeit mit dem Burgschauspieler Josef Meinrad. Er könnte als sein Double auftreten."

Er gefiel ihr. Sie hielt ihn für gutmütig. Seine mißliche Lage tat ihr leid. Aber sie schwankte, ob sie sich wieder mit ihm treffen sollte, um ihn besser kennenzulernen und genauer beurteilen zu können. Daß er einen Halt suchte und brauchte, war verständlich. Aber bei aller Sympathie, aus der Liebe werden könnte, wurde ihr bewußt, daß das Mitleid überwog. Und Mitleid ist keine Basis, um eine Partnerschaft oder Ehe aufzubauen. Der Mann war zur Zeit ziemlich mittellos und dazu in einem Alter, in dem er sich zur Ruhe setzen könnte. Eine Krankenversicherung würde er erfahrungsgemäß kaum noch abschließen können. Eine Altersversorgung besaß er nicht. Ob er jemals in der Lage sein würde, sich entsprechende Rücklagen zu schaffen, um eventuelle Wechselfälle des Lebens aufzufangen, erschien zweifelhaft. Das würde bedeuten, daß sie unter Umständen eines Tages den Lebensunterhalt für beide und eventuelle Krankheitskosten für ihn finanzieren müßte. Ein unüberschaubares Risiko.

Sie strebte zwar keine sogenannte Versorgungsehe, sondern eine harmonische Zweisamkeit mit viel gegenseitiger Toleranz und weitestgehender Übereinstimmung der beiderseitigen Interessen an. Diese Voraussetzungen schienen gegeben zu sein. Wenn die materielle Seite nicht so negativ aussähe, ließe sich eine Partnerschaft erwägen. So, wie die Dinge in diesem Falle lagen, war Zurückhaltung geboten.

Dem Kunstmaler gefiel Renate. Sie war genau der Typ, den er suchte. Er bedauerte sehr, daß sich das Beisammensein nicht länger ausdehnen ließ. Aber er freute sich auf das Wiedersehen am kommenden Wochenende und erwog bereits allerlei Möglichkeiten, um es recht abwechslungsreich zu gestalten.

Wieder einmal fiel der reizenden und stets hilfsbereiten Repräsentantin des Institutes die unangenehme Aufgabe zu, Renates Absage zu übermitteln. Das war nicht einfach, weil der Deutsch-Amerikaner hartnäckig versuchte, Renates Bedenken, die die Repräsentantin erläuterte, zu zerstreuen. Sie telefonierte hin und her. Renate ließ sich leider nicht umstimmen. Der Kunstmaler war sehr enttäuscht darüber, daß seine Argumentation erfolglos blieb. Aber er war auch objektiv genug, um Renates Bedenken schließlich zu verstehen.

Auch Renate war enttäuscht, weil sie gehofft hatte, das neue Jahr würde ihr mehr Glück bringen, als ihr im zurückliegenden beschieden war. „Es läßt sich eben nichts erzwingen", stellte sie resignierend fest. „In jungen Jahren ist es wunderbar und auch selbstverständlich, rasch bis über beide Ohren verliebt zu sein. Im reiferen Alter gilt es, erst zu wägen und dann zu wagen."

X

Renate hoffte noch immer, irgendwann einmal dem Mann zu begegnen, von dem sie von Anfang an himmelhochjauchzend begeistert sein konnte, wie einst, als sie Bernd kennenlernte. Und bei dem auch die wirtschaftlichen und familiären Verhältnisse stimmten oder wenigstens so ziemlich stimmen würden. Der Vermittlungsvertrag mit dem Institut lief bald aus. Aber das sollte für sie kein Grund sein, bei nächster Gelegenheit Hals über Kopf eine Entscheidung zu treffen, die sie dann bis an ihr Lebensende bereuen müßte.

Eines Nachmittags läutete das Telefon. Renate meldete sich und vernahm: „Guten Tag, Madame, hier ist ein Mann aus der Schweiz." Der Schweizer Akzent war unüberhörbar. Die Stimme klang sehr melodisch und angenehm. „Wissen Sie, wer ich bin?"

„Nein, ich weiß es nicht. Aber ich vermute, daß Sie der Herr sind, dessen Name mit dem Buchstaben ‚R' beginnt", erwiderte Renate. Seine Expertise lag ihr seit Tagen vor.

„Richtig getippt", sagte er und lachte schallend.

Sie freute sich über sein unkompliziertes Verhalten.

„Was tun Sie jetzt? Ich meine, bei welcher Arbeit habe ich Sie gestört?" fragte er.

„Ich beschäftige mich mit der Buchhaltung, konkreter gesagt, mit dem Jahresabschluß, und suche eine Differenz von einem Pfennig. – Aber Sie haben mich keineswegs gestört. Ich lege gern einmal eine Pause ein. Ganz besonders bei diesem eintönigen Suchen."

„Oh, das kommt ja dem Suchen nach der berühmten Stecknadel im Heuhaufen gleich. Das wäre nichts für mich."

„Ich bin auch nicht gerade begeistert von dieser Arbeit, obwohl ich mich gern mit Zahlen befasse. Aber die Differenz muß gefunden werden, auch wenn es sich nur um einen Pfennig handelt."

„Ich wünsche Ihnen, daß Sie diesen Pfennig bald finden."

„Vielen Dank. Das wünsche ich mir auch."

„Können wir zwei uns demnächst einmal treffen?", fragte er nun.

„Ja, gern. Möglichst an einem Samstag oder Sonntag. Werktags kann ich leider nicht frei über meine Zeit verfügen", erklärte Renate.

„Das läßt sich einrichten. Wie wäre es am kommenden Samstag?"

„Am kommenden Samstag habe ich leider schon etwas vor. Ich werde mit einer Freundin nach Jagsthausen fahren. Wir wollen uns ‚Götz von Berlichingen' auf der Freilichtbühne ansehen und haben schon vor Wochen die Karten bestellt. Können wir uns auf den Samstag darauf einigen?"

„Da kann ich leider nicht. An diesem Tage bekomme ich allerlei Gäste."

„Wäre es eine Woche später möglich, also am Samstag in vierzehn Tagen?" fragte Renate.

„Das ginge. Aber bis dahin ist es eine noch ziemlich lange Zeit. Ich werde Ihnen heute ein Foto von mir schicken. Würden Sie mir von sich auch ein Bildchen zusenden?"

„Ja, das werde ich gern tun."

Er erzählte noch ein wenig von sich und seinen Gewohnheiten. Er war Arzt. Seine privaten Interessen lagen vorwiegend im musischen Bereich. Er betätigte sich nebenberuflich als Opernsänger und unternahm gelegentlich Gastspielreisen. Das Reisen überhaupt war eines seiner zahlreichen Hobbys. Als begeisterter Wassersportler besaß er ein eigenes Motorboot. Neben Haus- und Grundbesitz verfügte er über zwei eigene Reitpferde, mit denen er nicht nur ausritt, sondern die er auch selbst pflegte. Da für ihn auch rasantes Autofahren zu den Freuden des Lebens gehörte, hatte er sich – wie konnte es anders sein – einen Mercedes-Sportwagen zugelegt.

Eine tüchtige und umsichtige Haushälterin sorgte für sein Wohlergehen.

Das alles erzählte er in einem netten Plauderton, ohne dabei angeberisch zu wirken.

„Möglichst an jedem Spätnachmittag unternehme ich einen ausgedehnten Spaziergang und lande anschließend meist in einem kleinen, einsam gelegenen, aber recht gemütlichen Gasthof – meinem Stammlokal – zum Dämmerschoppen."

„Ich finde, das ist ein wunderbarer Tagesausklang", sagte Renate begeistert.

„Das stimmt. Nur ‚ich trink' den Wein nicht gern allein'. Kennen Sie das Lied?"

„Ja, ich kenne es. Vor Jahren war es häufig im Rundfunk und im Fernsehen zu hören. Meist gesungen von Willy Schneider aus Köln."

„Stimmt, den kenne ich persönlich."
„Das ist interessant." Und schon hatten sie wieder ein neues Gesprächsthema.

Nachdem beide das Insel-Hotel in Konstanz als Treffpunkt auserkoren hatten, beendeten sie das Gespräch. Renate bedankte sich für seinen Anruf. Anschließend nahm sie rasch die ihr schon vor Tagen zugegangene Expertise zur Hand und las, außer dem, was er eben erzählt hatte:

„Für eine echte Neigungsehe wünscht er eine adäquate Dame kennenzulernen, die gern bereit ist, mit ihm in seinem herrlichen Besitz in der Schweiz zu leben."

„Nicht schlecht", dachte sie. Vor allem beeindruckte sie seine originelle Gesprächseinleitung. „Wenn dieser Mann jetzt auch noch gut aussieht und wir uns gegenseitig gefallen sollten, wäre alles vollkommen."

Renate schrieb ihm einige Zeilen und fügte das gewünschte Foto bei. Am nächsten Morgen erhielt auch sie einen Brief von ihm, dem das versprochene Bild beilag. Er, im Reitdreß, dunkelhaarig, gut aussehend, eine stattliche Erscheinung. Neben sich ein Pferd – einen sehr schönen Rappen – das er am Zügel hielt. Dazu ein malerischer Hintergrund. Berge, von der Sonne beschienen, bei einem strahlend blauen Himmel mit sogenannten Lämmerwölkchen. Reiter und Pferd auf einer grünen Wiese stehend. „Eine romantische Vollkommenheit", konstatierte Renate. Ihre Begeisterung wuchs.

„Weshalb mag dieser imposante Mann geschieden sein?" rätselte sie. „Dem müßten die Frauen doch geradezu nachlaufen."

Seine Töchter lebten bei seiner geschiedenen Frau. Demnach war zu vermuten, daß er schuldig geschieden wurde. Daraus ließ sich allerdings kein charakterliches Werturteil ableiten.

Der Stil des beigefügten Briefes sagte Renate weniger zu.

„Aber es ist nun mal nicht jedermanns Sache, mühelos ausgefeilte Briefe zu schreiben", verteidigte sie ihn sich selbst gegenüber. Sie bedankte sich postwendend schriftlich für Brief und Foto und freute sich auf das bevorstehende Treffen.

Noch am gleichen Tage bedankte er sich telefonisch für Brief und Bild. Er war hell begeistert. Das Gespräch verlief sehr humorig. Wie konnte es anders sein, bei der beiderseitigen Hochstimmung.

Am Morgen des darauffolgenden Samstages meldete er sich bereits wieder und versuchte Renate umzustimmen. Also, nicht nach Jagsthausen zu fahren, sondern sich am gleichen Tage mit ihm zu treffen. „Es tut mir leid. So kurzfristig kann ich meiner Freundin nicht absagen. Außerdem wollte ich mir dieses Schauspiel von Goethe schon seit Jahren einmal auf der historischen Bühne in Jagsthausen ansehen. Jetzt klappt es endlich. Lassen wir es doch bitte bei heute in vierzehn Tagen, wie besprochen." Er stimmte zu, allerdings wenig begeistert, und wünschte viel Vergnügen. Renate bedankte sich für seinen Anruf und wünschte ihm ein angenehmes Wochenende.

„Plötzlich diese Eile. Ob mein Foto die Ursache dafür ist?" fragte sie sich. Doch für lange Überlegungen hatte sie jetzt keine Zeit. Zunächst einmal mußte sie frühstücken und sich dann reisefertig machen.

Pünktlich zur vereinbarten Zeit fuhren Hedda und Renate los. Das Mittagessen ließen sie ausfallen, denn beide hatten an diesem Tage spät und reichhaltig gefrühstückt. Zunächst steuerten sie Friedrichsruhe an, einen Ausflugsort in waldreicher Umgebung des Hohenloher Landes. In den Jahren 1712 bis 1717 erstellten die Fürsten von Hohenlohe-Öhringen dort das in einem

Tierpark gelegene Lustschloß Friedrichsruhe, nur wenige Kilometer von Schwäbisch Hall entfernt.

Nach Überlieferungen weilte in diesem Schloß einst die Romanschriftstellerin MARLITT als Vorleserin einer Prinzessin.

Im stimmungsvollen Schloßpark liegt das elegante Hotel Friedrichsruhe mit seinen herrlichen Gartenterrassen. Nach längerer Fahrt in großer Hitze suchten sich Hedda und Renate ein schattiges Plätzchen auf der Terrasse, um gemütlich Kaffee zu trinken und eine der köstlichen Torten zu probieren. Die Auswahl war sehr reichhaltig und verlockend.

Beide kannten Friedrichsruhe. Anläßlich von Kuraufenthalten in Bad Mergentheim hatten sie wiederholt einen Abstecher dorthin unternommen. Jedesmal waren sie erneut begeistert von der reizenden Idylle, in der eine Nobelherberge dieser Art kaum zu vermuten war.

Nach einem kurzen Spaziergang setzten sie ihre Fahrt nach Jagsthausen, dem eigentlichen Ziel ihres Ausfluges, fort. Beide stellten übereinstimmend fest, daß das Hohenloher Land – auch Land der Burgen, der Wälder und des Weines genannt – immer wieder anziehend und durch die meist kleinen Fachwerkhäuser sehr anheimelnd wirkt.

Rudolf Schlauch (1909–1971) hat die Schönheit des Hohenloher Landes mit folgendem Vers gewürdigt:

> Burche, Schlösser, Färschte, Baure
> San im Hoheloher Land.
> Dörfer, Städtlich freindlich lache
> Dort am Joogscht und Kocherstrand.
> S'is sou lieblich, schää un haalich
> Wie wenn all Dooch Sunndich wär,
> Un der Herrgott fraabt se, wenn'r
> Guckt zu unserm Ländle her.

Jagsthausen an der Jagst war Neuland für Hedda und Renate. Vor Beginn des Schauspiels im Burghof von Jagsthausen konnten sie sich noch ein wenig umsehen, um eine ungefähre Ahnung zu bekommen, wo und wie einst der Bauernhauptmann und Ritter mit der Eisernen Hand, Götz von Berlichingen, gelebt hatte.

Doch lang', lang' ist's her. Denn bereits 1562 wurde er im Stammkloster seiner Familie in Schöntal/Hohenlohekreis beigesetzt.

Wie gesprächsweise zu erfahren war, leben noch heute Nachkommen von ihm in einem Flügel der Burg von Jagsthausen. –

Endlich war es soweit. Auch die letzten Besucher hatten ihre Plätze eingenommen. Den Götz von Berlichingen spielte HARALD DIETL derart glaubhaft und echt, daß sich jeder Zuschauer mühelos in Berlichingens Zeit zurückversetzt fühlen konnte. Weitere Mitwirkende waren: Gabi Blum, Kai Fischer, Wilfried Blasberg, Volker Eckstein und Klaus-Hagen Latwesen. Auch sie spielten ihre Rollen bewundernswert und beeindruckend. Der Applaus spiegelte die Begeisterung des Publikums wider und wollte kein Ende nehmen.

Diese historische Darbietung an einem lauen Sommerabend auf nicht minder historischem Boden war ein wirkliches Erlebnis, ein Hochgenuß.

Weniger verlockend war die nun noch bevorstehende, nächtliche Heimfahrt. Doch sie verlief komplikationslos. Und am nächsten Tage – einem Sonntag – konnten Hedda und Renate die genußreichen Stunden im Geiste noch einmal an sich vorüberziehen lassen.

Wenige Tage später rief der Arzt aus der Schweiz wieder an, um sich zu erkundigen, ob Renate schon ein Zimmer im Insel-Hotel in Konstanz für sich habe reservieren lassen. Sie bejahte. „Buchen Sie bitte auf ein Doppelzimmer um", ordnete er recht energisch an.

„Ich höre wohl nicht recht? Das darf doch nicht wahr sein", dachte sie und sagte: „Es tut mir leid. Aber das möchte ich nicht. Zunächst müssen wir uns erst einmal sehen und unterhalten, um festzustellen, ob wir uns überhaupt sympathisch sind."

„Sicher müssen wir das. Wir können uns aber nicht unterhalten, wenn wir durch dazwischenliegende Mauern oder Zimmer voneinander getrennt sind", konterte er recht unwirsch.

„Ich betone nochmals, es tut mir leid, aber ich habe meine Grundsätze. Wenn Sie auf ein Doppelzimmer bestehen, müssen wir das geplante Treffen ausfallen lassen", entgegnete Renate mit aller Bestimmtheit.

„Sie brauchen keine Angst zu haben. Es geschieht nichts, was Sie nicht wollen", versuchte er einzulenken. „Also, überlegen Sie sich das noch einmal und geben Sie mir Nachricht."

Noch ehe Renate etwas darauf erwidern konnte, hatte er aufgelegt. Das Gespräch war beendet. Sie war konsterniert. „Das ist also die andere Seite des anfangs so interessanten und sympathisch wirkenden Mannes", resümierte sie erschüttert. „Ich würde mich vor mir selbst schämen, wenn ich auf dieses Ansinnen einginge. Eigentlich hätte ich ihn auf das Zitat von Sigmund Freud hinweisen sollen: ‚Schamlosigkeit ist der erste Schritt zum Schwachsinn.' Doch das dürfte er wohl ohnehin kennen."

Sein Foto schickte sie noch am gleichen Tage zurück, mit der Bitte um Rückgabe ihres Bildes. Das erhielt sie postwendend, ohne irgendeine Zeile. Die Zimmerreservierung ließ sie stornieren. Damit war dieser Fall abgeschlossen.

Ein schöner Traum war ausgeträumt. Die Beendigung dieses so verheißungsvoll begonnenen Kontaktes war für Renate eine herbe Enttäuschung. „Was mag in dem Kopf eines solchen Mannes vor sich gehen?" fragte sie sich. „Entweder er sucht eine Partnerin, wie in der Expertise angegeben, oder er sucht ein Abenteuer. Voraussetzung für eine gute Partnerschaft und spätere Ehe wären gegenseitige Achtung und Rücksichtnahme. Aus seinem jüngsten Verhalten sprachen Nichtachtung und Egoismus."

Bei einem primitiven Menschen hätte sie ein solches Ansinnen mit Dummheit oder Unüberlegtheit entschuldigt. Das bedeutete allerdings nicht, daß sie darauf eingegangen wäre. Unfaßbar erschien ihr, daß ein intelligenter und gebildeter Mensch moralisch auf so niederem Niveau stehen konnte. „Ein solcher Mann sollte besser in ein Eros-Center gehen. Dort würden seine Erwartungen und Wünsche sicher auf jeden Fall erfüllt", resümierte sie. „Oder betrachtete er eine solche Partnervermittlung gar als eine Art verkappter Prostitution? War er am Ende ein Playboy und gewohnt, alles zu bekommen, was er haben wollte? Bei der heute oft herrschenden Freizügigkeit mag es natürlich Frauen geben, die bedenkenlos auf ein solches Ansinnen eingehen. Die vielleicht sogar glauben, darauf eingehen zu müssen, um nicht als rückständig angesehen zu werden." Ganz gleich von welcher Seite Renate sein Verhalten beleuchtete, eine Entschuldigung dafür gab es nicht.

Er hielt sich dagegen nicht lange mit Überlegungen und Erwägungen auf. Angeregt durch weitere Expertisen, die ihm das Institut in der Zwischenzeit zusandte, hatte er bereits neue Kontakte geknüpft und traf nun endgültige Verabredungen.

XI

So leicht, wieder einen Partner zu finden, wie das die Repräsentantin in wiederholten Gesprächen dargestellt hatte, war es nun doch nicht. Erstaunlich war vor allem, daß sich unter allen Partnervorschlägen, die Renate erhielt, nicht ein einziger Witwer befand. Sie sah darin eine Bestätigung ihrer Ansicht, daß Witwer eine andere Einstellung zu ihrem Schicksal haben als Geschiedene. Obwohl es heute kein ungewöhnlicher Weg mehr ist, scheinen sie den Schritt zu Vermittlungsinstituten zu scheuen. Das Alleinsein finden sie zwar genauso trostlos wie ihre weiblichen Leidensgenossen, aber sie fürchten den Neubeginn, das damit verbundene Risiko und eventuelle Enttäuschungen. Viele betrachten ihr Schicksal als ausweglos – wie eine unüberwindliche Mauer.

Eine englische Studie zeigt beispielsweise, daß Männer über den Tod ihrer Frauen schwerer hinwegkommen, als die meisten Frauen über den Tod ihrer Männer. Jeder vierte Witwer wird nach dem Schicksalsschlag krank, dagegen nur jede zehnte Frau. Typische Witwerkrankheiten: Asthma, Bronchitis, Migräne, Herz- und Kreislaufstörungen. Der Schock des plötzlichen Alleinseins schwächt den Lebenswillen.

In einem anderen Forschungsergebnis heißt es: Die ersten drei Jahre nach dem Tod seiner Frau sind für den Witwer über 50 die gefährlichsten. Ihr Tod lähmt jede Initiative. Schuldgefühle, Selbstzweifel und Einsamkeit nehmen ihn so mit, daß er für die einfachsten Dinge des täglichen Lebens dreimal so lange braucht wie früher. Er ist in Gefahr, plötzlich im Beruf zu versagen und zu trinken.

Jüngere Männer werden leichter mit dem Schicksal fertig.

Ein weiteres Resümee statistischer Ermittlungen besagt: Wenn ein Witwer in den ersten zwei Jahren nach dem Tode seiner Frau wieder heiratet, geht diese Ehe zu neunzig Prozent schief. Heiratet er fünf Jahre später zum zweitenmal, wird es fast immer eine dauerhafte Ehe.

Der Grund: In den ersten Jahren vergleicht der Witwer die zweite Frau mit der Verstorbenen, und das halten nur wenige Ehen aus. Das fanden holländische Soziologen heraus, die 2700 Akten auswerteten.

Der englische Arzt Dr. K. J. Bolden ermittelte, daß Witwer etwa acht Jahre früher sterben als verheiratete Männer oder Junggesellen.

Weitere Ergebnisse: Witwer werden zehnmal häufiger in psychiatrische Kliniken eingeliefert als verheiratete Männer. Und: Witwer neigen viermal so häufig zum Selbstmord.

Psychologen fanden heraus, daß Frauen, die ihren Mann verlieren, instinktiv Trost bei Freunden und Verwandten suchen. Witwer dagegen vergraben sich zu Hause und wollen niemanden sehen. Außerdem machen Frauen noch einmal nach einem Jahr eine schwere Krise am Todestag des Mannes durch. Während Witwer diesen Trauerschock am Hochzeitstag erleben.

Es soll Fälle geben, in denen Witwer zur Überwindung des Trauerschockes bis zu elf Jahren benötigten. Nach einem so langen Single-Dasein dürfte es schwerfallen, sich wieder auf Zweisamkeit und die damit verbundenen Rücksichtnahmen einzustellen.

Diese Tatsachen waren zwar sehr aufschlußreich, aber sie brachten Renate nicht weiter in ihrem Bestreben, wieder einen Partner zu finden.

Hatte sie bei den einzelnen Begegnungen zu viel vorausgesetzt?

Sie ließ noch einmal die Heiratskandidaten, die sie in den zurückliegenden Monaten kennenlernte, Revue passieren. Unwillkürlich drängte sich ihr die Frage auf, ob sie im einen oder anderen Fall zu voreilig geurteilt hatte. Dabei kam sie zu dem Ergebnis, daß die Herren nicht nur im privaten Bereich – ganz gleich, ob schuldig oder unschuldig geschieden –, sondern zu einem großen Prozentsatz auch auf beruflicher Ebene scheiterten. Vermutlich suchten diese Kandidaten bei der neuen Partnerin in erster Linie den materiellen Vorteil, um sich einen sorgenfreien Lebensabend und Geborgenheit zu sichern. Es schien also keineswegs zuzutreffen, daß immer nur Frauen darauf bedacht wären, die sogenannte „gute Partie" zu machen.

Soweit sie es übersehen konnte, schien die Suche nach dem materiellen Vorteil für den Herrn aus der Schweiz nicht zuzutreffen. Auch den aus Amerika in die Bundesrepublik Deutschland zurückgekehrten Kunstmaler klammerte sie bei ihren Überlegungen aus. Trotz der vorhandenen Probleme befürchtete sie in diesem Fall vorschnell geurteilt zu haben und bedauerte, daß sie sich nicht wieder mit ihm getroffen hatte.

„Materieller Besitz macht zwar nicht den Wert des Menschen aus. Einzig und allein seine Charaktereigenschaften und seine Herzensbildung sollten für die Bewertung maßgebend sein. Aber eine gewisse Parität müßte trotzdem vorhanden sein", meinte Renate.

„Freude, Liebe und ein Ziel, für das es sich lohnt zu leben, braucht das menschliche Herz als Elixier", überlegte sie weiter.

Freude gab es bei den Kontaktgesprächen dadurch, daß die Schilderungen der Gesprächspartner ganz interessant und manchmal auch amüsant waren.

Von Liebe – etwa Liebe auf den ersten Blick – konnte in keinem Fall die Rede sein.

Das Ziel, für das es sich lohnen könnte zu leben, war bei keinem der Treffen erkennbar geworden.

„Der Wert dessen, was man besessen, wird einem oft erst voll bewußt, wenn man es verloren hat", stellte Renate abschließend und nachdenklich fest. Das Resultat ihrer Überlegungen stimmte sie traurig.

XII

Das Institut schien jetzt einen besonderen Ehrgeiz zu entwickeln, um Renate doch noch zum Ziel zu führen. Das bewiesen die ihr noch zahlreicher zugehenden Expertisen. Außerdem war die einjährige Laufzeit des Vertrages stillschweigend um etliche Monate verlängert worden. Renate ließ es gewähren. Aber ihr wurde die ganze Geschichte allmählich lästig. Anfangs hatte jeder Name und die jeweils in der Expertise enthaltene Personenbeschreibung sowie der Klang der Stimme bei telefonischen Kontaktaufnahmen Illusionen geweckt, bestimmte Vorstellungen entstehen lassen. Voller Spannung und freudiger Erwartung war sie zu den Treffen gefahren und jedesmal mehr oder weniger enttäuscht zurückgekehrt, weil sich die Vorstellungen nicht erfüllt hatten. Allmählich waren diese Fahrten zur Routine geworden. Amüsements ohne Herzklopfen, die der Erweiterung ihrer Menschenkenntnis dienten. Da sie gern reiste, waren solche Fahrten keine Belastung für sie gewesen.

Vielleicht hoffte das Institut, sie durch seine Großzügigkeit indirekt zu einer Vertragsverlängerung zu veranlassen. Bereits bei Vertragsabschluß war sie darauf hingewiesen worden, daß eine Verlängerung zu einem wesentlich niedrigeren Honorar möglich sei. Doch dazu verspürte sie keinerlei Neigung. Sie hielt sich an ein Gedicht von Martin Kessel:

WAHRSPRUCH

Wer nichts tut, kann nichts erfahren.
Wer nichts wagt, hat nichts zu hoffen.
Und er tastet wie erblindet und erschrickt
und steht betroffen
vor dem Glück, das er nicht findet.

*Wer nichts meistert, ist verloren,
für das echte, einzig Wahre.
Wozu ist der Mensch geboren?
Daß er lebt und es erfahre.*

Und Renate hatte inzwischen erfahren, was es heißt, ein Ziel anzustreben und es nicht zu erreichen. Es war betrüblich für sie, daß sie kapitulieren mußte. Aber sie hatte sich auf ein Gebiet begeben, das Neuland für sie war. Und zur Zeit schien ihr das Glück nicht hold zu sein.

Tröstlicherweise war sie nicht die einzige, die bei solchen „Exkursionen" Enttäuschungen erlebte. Das bewies erst kürzlich ein Gespräch, das sie mit der Repräsentantin führte:

Eine ihrer Klientinnen erhielt eines Tages den Anruf eines Spediteurs aus München. Die Expertise lag ihr vor. Er lebte seit dreißig Jahren von seiner Frau getrennt. Seine beiden Töchter (Zwillinge) hatte er nie kennengelernt. Eine Scheidung sei jederzeit möglich, soll er im Laufe des ersten Kontaktgespräches betont haben. – Eine recht seltsame Geschichte. – Da er eine sympathische Stimme besaß und auf dem Foto, das er einige Tage später schickte, als stattliche Persönlichkeit erschien, war die Klientin zur Fortsetzung des Kontaktes bereit. Zunächst telefonierten und korrespondierten sie nur miteinander. Dann verabredeten sie sich zu einem gemeinsamen Kurzurlaub. Da er auf ein Doppelzimmer bestand, ging die Verbindung in die Brüche bevor sich die beiden Kandidaten persönlich kennenlernten.

Für Renate war es eine Genugtuung, zu erfahren, daß es noch mehr Frauen gab, die in dieser Hinsicht die gleiche Ansicht vertraten, wie sie, und die ebenso konsequent reagierten. Dagegen vermochte sie sich nicht vorzustellen, wie es ein Mann fertigbrachte, dreißig Jahre von seiner Frau getrennt zu leben und keine Möglichkeit zu finden oder anzustreben, um seine Töchter kennenzulernen. – Nun, sie wollte ihm nicht unrecht tun. Vielleicht entsprach der Verzicht auf jegliche Kontakte dem Wunsche seiner Frau. – Wer weiß?

Wie die Repräsentantin damals weiter berichtete, erhielt die gleiche Klientin kurze Zeit später Post von einem Herrn aus der Schweiz. Er hatte unlängst noch zum Kreise der vom Institut zu Vermittelnden gehört und erst vor wenigen Wochen eine Dame aus der Schweiz geheiratet. Er entschuldigte sich bei der Empfängerin des Briefes für die Vernachlässigung ihr gegenüber, wofür er gar keine Veranlassung hatte. Er erwähnte, daß er und seine Frau sehr glücklich miteinander seien und lud die seiner Meinung nach „Vernachlässigte" zu einem mehrwöchigen Urlaub in die Schweiz ein. Seine Frau hatte diesen Brief mit unterschrieben. – Ein Kuriosum. –

Dieser rätselhafte Brief war der Zentrale des Institutes zur weiteren Erledigung übersandt worden. In welcher Form darauf reagiert wurde, wußte die Repräsentantin nicht. Sie und Renate hatten sich seinerzeit gefragt, ob da ein sogenanntes Dreiecksverhältnis geplant war, oder ob die Klientin im Bekannten- oder Freundeskreis – unter Ausschaltung des Institutes – weitervermittelt werden sollte. Vielleicht wollten die Neuvermählten auf diesem Wege einen Teil der von ihnen gezahlten Honorare zurückgewinnen. Der Ausgang dieser Geschichte hätte Renate brennend interessiert. Doch sie wollte nicht indiskret sein. Deshalb sprach sie die Repräsentantin später nicht noch einmal darauf an.

In einem anderen Fall handelte es sich um einen Gastronom aus West-Berlin. Er war erst kurze Zeit im Bundesgebiet ansässig, um sich nach einer neuen Existenz und nach einer neuen Partnerin umzusehen. Sein Berliner Hotel hatte er seiner geschiedenen Frau und seiner Tochter überlassen. Nun wollte er in Westdeutschland ein Hotel kaufen oder auf Rentenbasis übernehmen. So seine Version dem Institut gegenüber.

Seine Altersangabe war recht variabel. Seltsamerweise war er in jedem Falle so alt, wie jeweils die Dame, mit der er Verbindung aufnahm. Von der Übernahme eines Hotels war schon bald keine Rede mehr. Neuerdings suchte er nur Gelände in landschaftlich schöner Gegend zu pachten, um darauf einen Campingplatz zu errichten. In diesem Zusammenhang sprach er von einem Bankkredit, für den ihm die notwendigen Sicherheiten zu fehlen schienen. Keine seiner bisherigen Gesprächspartnerinnen war zu einem dauerhaften Kontakt oder gar zu einer festen Bindung bereit gewesen. Zur Übernahme einer Bürgschaft war erst recht keine gewillt. Schließlich bot er einer der Damen, die ihm vom Institut vermittelt wurden, seine Dienste als Chauffeur und Gärtner an. Das schien der letzte Ausweg für ihn zu sein. Doch das Angebot wurde nicht akzeptiert.

Vom Institutsleiter auf seine unrichtigen Altersangaben angesprochen, soll er lapidar geantwortet haben: „Frauen machen sich doch oft auch jünger als sie sind."

Das war auch so eine fragwürdige Angelegenheit. Und es erschien zweifelhaft, ob der genannte Beruf und die sonstigen Angaben überhaupt stimmten. Doch es schien sich niemand dazu berufen oder gar verpflichtet zu fühlen, entsprechend zu recherchieren.

XIII

Eines Tages war ein Facharzt aus dem norddeutschen Raum Renates Gesprächspartner. Nicht sehr groß, aber ansonsten nicht unsympathisch. Eine gepflegte Erscheinung mit schlohweißem Haar und frischer Gesichtsfarbe, die ihn jünger erscheinen ließ als er war. – Eine sehr markante Persönlichkeit.

Während sie durch die weitläufige Gruga in Essen mit ihrem gepflegten Rasen englischer Art, den malerischen Blumenrabatten, herrlichen Bäumen und zahlreichen Sträuchern bummelten, erzählte er ohne Umschweife: „Wie Sie bereits durch die Expertise wissen, bin ich einmal verwitwet und einmal geschieden. Meine erste Frau starb vor zweieinhalb Jahren an Krebs. Bereits ein halbes Jahr später heiratete ich zum zweiten Male – eine Ärztin –, weil ich glaubte, das Alleinsein nicht länger ertragen zu können. Durch die vorausgegangene Krankheit meiner ersten Frau und das damit verbundene Siechtum, gegen das wir alle so machtlos waren, weil die Krankheit zu spät erkannt wurde, war ich nervlich derart am Ende, daß ich gar keinen anderen Ausweg als eine schnelle Wiederverheiratung sah. Diese Tatsache mußte meine zweite Frau gründlich durchschaut und genutzt haben. Sie zeigte sich von ihrer besten Seite, war liebenswürdig, aufmerksam und tolerant. Dadurch hatte ich keinerlei Veranlassung, irgendwelche Zweifel zu hegen. Auch am Wohlergehen meiner vier Kinder, die alle noch studieren, zeigte sie sich interessiert. Ihre Mutter war mir und meinen Kindern gegenüber ebenfalls äußerst besorgt.

Meine – damals noch zukünftige – zweite Frau wollte ihre Mutter, mit der sie bisher ständig zusammenlebte, nun im Alter nicht gern allein lassen. Dafür hatte ich Verständnis. Ich bot ihr die Zurverfügungstellung von zwei Zimmern in meinem Hause an. Das war groß genug für uns alle. Mein Vorschlag wurde dankend akzeptiert. Als dann – nach der Eheschließung und Hochzeitsreise – der Alltag begann, kam ich mir in meinem eigenen Hause oft vor, als sei ich Gast oder nur geduldet. Meine Frau und meine Schwiegermutter trafen Entscheidungen, ohne mich zu fragen oder auch nur zu informieren. Ich nahm dieses Verhalten zur Kenntnis und hoffte, daß es sich allmählich abbauen lassen würde. Mutter und Tochter mußten sich vermutlich erst an die neue Situation gewöhnen.

Eines Tages – wir saßen zu dritt beim Mittagessen – erzählte meine Frau, daß sie wiederholt daran gedacht habe, ein Baby zu adoptieren. Für ein eigenes Kind sei sie ja leider schon zu alt. Das stimmte, sie war nur wenige Jahre jünger als ich. Aber dieser Vorschlag überraschte mich. Ich glaubte zunächst, nicht recht gehört zu haben. An eine solche Möglichkeit hätte ich nicht im Traum gedacht. Meine Schwiegermutter äußerte sich nicht dazu. Aber ich konnte mich des Eindrucks nicht erwehren, daß dieses Thema für sie nicht neu war. Und das ärgerte mich ganz besonders. Schließlich hätte meine Frau zunächst unter vier Augen mit mir darüber sprechen sollen. Ich lehnte ab, mit der Begründung, daß schließlich vier Kinder vorhanden seien, und ein Baby nur unnötige Unruhe und zusätzliche Arbeit ins Haus brächte. Außerdem bat ich zu bedenken, daß durch unbekannte Erbanlagen später allerlei Sorgen und Probleme erwachsen könnten. Meine Frau nahm meine Äußerungen widerspruchslos zur Kenntnis. Meine Schwiegermutter mischte sich nicht ein. Sie verhielt sich nach wie vor desinteressiert. Damit war der Fall für mich erledigt. Aber leider nur für mich und auch nur scheinbar.

Einige Monate später fuhr ich für mehrere Tage zu einem Ärztekongreß. Nach meiner Rückkehr vernahm ich beim Betreten des Hauses Gewimmer. Es hörte sich an, als ob ein Baby weine. Eine Katze hatten wir nicht. Der Hund konnte es nicht sein, der machte sich lauter bemerkbar. Aber wo sollte Babygewimmer herkommen? An das seinerzeitige Gespräch hatte ich nie mehr gedacht. Wenige Sekunden später wurde ich mit dem Familienzuwachs bekanntgemacht. – Eine Überraschung im wahrsten Sinne des Wortes. Meine Frau hatte hinter meinem Rücken mit großer Beharrlichkeit ganz systematisch ihr Ziel verfolgt und bei den zuständigen Behörden die erforderlichen Schritte eingeleitet. Das war alles in absoluter Heimlichkeit geschehen. Nur ihre Mutter war informiert gewesen. Die unterstützte natürlich die Bemühungen der Tochter.

Behördlicherseits war man durch das resolute Auftreten meiner Frau davon überzeugt, daß alles mit meinem Einverständnis geschähe, wie sich später herausstellte. Die Sachbearbeiterin hatte nicht einmal gewagt, ihr eine diesbezügliche Frage zu stellen.

Teils durch Zufall, teils durch Geschick, gelang es, die Übernahme des Babys in den Zeitraum meiner Abwesenheit zu legen. Bestärkt durch ihre Mutter, die inzwischen ohnehin das Regiment im Hause führte, hatte meine Frau geglaubt, ich würde ihre Eigenmächtigkeit tolerieren und akzeptieren. Doch da hatte sie sich gründlich geirrt. Für so viel Hinterhältigkeit besaß ich kein Verständnis. Meine Kompromißbereitschaft hatte Grenzen. Ich wäre bereit gewesen, die Angelegenheit zu vergessen, wenn sie das Kind dorthin zurückgebracht hätte, wo sie es herholte. Doch davon wollte sie nichts wissen.

Es folgte eine recht unerquickliche Aussprache, in die noch andere Unliebsamkeiten einbezogen wurden. Denn es hatte sich in letzter Zeit bei mir so allerlei Ärger und Verdruß angestaut. Die Situation verhärtete sich. Bereits am nächsten Tage ging ich zu einem mir befreundeten Anwalt und bat ihn, nachdem ich ausführlich berichtet hatte, die Scheidung für mich einzureichen. Diese Konsequenz schien von Mutter und Tochter nicht einkalkuliert gewesen zu sein. Dank der Geschicklichkeit meines Anwaltes ging die Scheidung sehr schnell über die Bühne."

Er sprach sehr hastig, so daß Renate keine Gelegenheit hatte, Fragen zu stellen oder sich zu den unglaublichen Geschehnissen zu äußern. Während seines Berichtes schien er das, was ihm angetan worden war, erneut zu erleben. Und das schien ihn verständlicherweise maßlos aufzuregen.

„Beim Auszuge der beiden Damen nebst Baby kam es dann noch einmal zu unerfreulichen Auseinandersetzungen, weil sie unfairerweise versuchten, sich materielle Vorteile zu verschaffen. Dem Umzugsgut wollten sie dieses und jenes wertvolle Stück zuordnen. Doch ich war wachsam und hart.

Als dieses unliebsame Kapitel abgeschlossen war, erfuhr ich auch von meinen Kindern, daß sie nach meiner zweiten Eheschließung nur noch ungern nach Hause gekommen seien. Ursprünglich hatten sie zwar einstimmig für meine Wiederverheiratung plädiert, sich dabei aber die Zukunft mit der Stiefmutter liebevoller und harmonischer vorgestellt. Diese Frau – nebst ihrer Mutter – hatte nicht nur mich zu täuschen verstanden. Beide hatten der ganzen Familie zunächst ein Theater vorgespielt und nach Erreichen des angestrebten Zieles ihre wahren Gesichter gezeigt.

Jetzt will ich Sie aber nicht länger mit dieser unerfreulichen Geschichte konfrontieren."

Renate war seinen Schilderungen sehr aufmerksam und mitfühlend gefolgt. „Kaum vorstellbar, wie so etwas möglich ist", sagte sie erschüttert.

Mit den Worten: „Sicher haben Sie mir auch einiges zu erzählen", versuchte er von seinen negativen Erlebnissen abzulenken.

Renate berichtete in groben Zügen über ihren Lebenslauf, also im Telegrammstil, wie gewohnt. Dabei betonte sie wieder ganz besonders, welch glückliche Ehe ihr verstorbener Mann und sie miteinander geführt hatten.

Inzwischen waren sie in einem der Gruga-Restaurants gelandet. Bei einem guten Kaffee unterhielten sie sich über ihre Hobbys. Die lagen in etwa auf gleicher Ebene. Auch ihre Weltanschauungen stimmten überein.

Es waren recht unterhaltsame Stunden. Große Begeisterung oder gar „Liebe auf den ersten Blick" empfand Renate nicht. Ihm schien es ähnlich zu ergehen. Sie verabschiedeten sich mit dem Versprechen, wieder voneinander zu hören oder der Repräsentantin Nachricht zukommen zu lassen.

Nachdem sich Renate zu Hause in aller Ruhe alles noch einmal durch den Kopf gehen ließ, kam sie zu der Überzeugung, daß sie sich in diesem Falle eine zu große Last aufbürden würde. Die vier Kinder gehörten noch zum väterlichen Haushalt. Die damit verbundenen Aufgaben und Pflichten lagen ihr weniger. Sie war nun mal keine *Nur*-Hausfrau. Hinzu kam noch, daß sie selbst keine Kinder hatte und ihr dadurch die Routine im Umgang mit jungen Menschen fehlte. Außerdem mußte sie damit rechnen, daß ihr seine Kinder durch die inzwischen gewonnenen, unliebsamen Erfahrungen mit einiger Skepsis begegnen würden. Sie war nicht sicher, ob sie den damit verbundenen psychischen Belastungen gewachsen wäre.

All diese Überlegungen erwähnte Renate der Repräsentantin gegenüber und erfuhr, daß auch der Facharzt ähnliche Bedenken geäußert hatte. Dadurch versandete dieser Kontakt mehr oder weniger im beiderseitigen Einvernehmen.

XIV

Zur Fortsetzung des Reigens meldete sich ein Bauunternehmer aus Hessen. Die vorliegende Expertise war sehr gut – wie alle bisherigen! Seine Stimme klang am Telefon recht sympathisch. Er sprach allerdings unverkennbar hessischen Dialekt. Einer persönlichen Begegnung stand nichts im Wege.

Am frühen Nachmittag eines Samstags traf sich Renate mit ihm in Herrenalb. Aus einiger Entfernung wirkte er ganz passabel. Er war mittelgroß, braungebrannt und hatte leicht angegraute Schläfen. Seine Kleidung war recht geschmackvoll, farblich genau aufeinander abgestimmt. Doch bei näherer Betrachtung war seine Ungepflegtheit nicht zu übersehen. Entzückend und sehr kontaktfreudig war der kleine Pudel, den er bei sich hatte.

Die beiden Gesprächspartner entschieden sich für einen Spaziergang – zunächst durch den Kurort, dann durch den Kurpark. Da er Bad Herrenalb im Schwarzwald noch nicht kannte, sollte er möglichst viel davon zu sehen bekommen. Doch er redete und redete pausenlos. Von den schönen, alten Fachwerkhäusern, besonders am Ortsrand, von der Blütenpracht im und um den Kurpark nahm er kaum etwas wahr.

„Ich habe mich vor einigen Jahren von meiner Frau getrennt. Wir paßten überhaupt nicht zusammen. Aber als junge Menschen konnten wir das noch nicht beurteilen. Das merkten wir erst sehr viel später.

Bis vor einigen Monaten lebte ich mit meiner Sekretärin zusammen. Sie erledigte neben der Hausarbeit auch die Buchführung, Kalkulationen und alle Arbeiten, die in meinem Büro anfielen."

„Eine Allroundkraft sozusagen", warf Renate ein.

„Wie bitte?" fragte er. Diese Bezeichnung schien ihm nicht geläufig zu sein.

„Sie war Mädchen für alles, würde man im Volksmund sagen", formulierte Renate verständlicher.

„Ja, das kann man wohl sagen."

„Und weshalb haben Sie sich voneinander getrennt?" forschte Renate.

„Das weiß ich nicht. Sie ist einfach abgehauen. Nun stehe ich da und kenne mich in meinem eigenen Büro nicht aus."

„Können Sie sie nicht anrufen und sich informieren lassen über alles, was unklar ist?"

„Nein, ich habe keine Adresse und schon gar keine Telefonnummer von ihr."

„Das ist natürlich unangenehm. Aber eine Angestellte als Ersatzkraft müßte sich doch finden lassen."

„Ja, schon – aber die müßte eingearbeitet werden. Und das kann ich nicht."

„Aha, da liegt der Hase im Pfeffer. Vom kaufmännischen Sektor seines Bauunternehmens scheint er nichts zu verstehen", vermutete Renate.

„Ich weiß auch nicht, wie es überhaupt noch weitergehen soll, bei dem Konjunktur-Rückgang, besonders in der Baubranche", sagte er in kläglichem Ton. „Ich habe schon wiederholt gesagt: Besser einen schnellen, sauberen Konkurs als verkrampfte Bemühungen und Versuche, das Geschäft zu halten", äußerte er völlig unbefangen.

„Ist er sich der Bedeutung dessen, was er da redet, voll bewußt?" fragte sich Renate. „Da ist Vorsicht geboten", konstatierte sie wortlos. Abgesehen davon, kam er für sie sowieso nicht in Frage.

Die Sekretärin und Freundin oder Lebensgefährtin hatte sicher die Situation erkannt und sich abgesetzt nach dem Motto: „Die Ratten verlassen das sinkende Schiff."

Vermutlich war er früher Polier gewesen und hatte sich zur Zeit der Hochkonjunktur selbständig gemacht. Jetzt schien er nicht mehr in der Lage zu sein, das Geschäft weiterzuführen, weil bei ihm die kaufmännischen Voraussetzungen fehlten. Geringere Aufträge und starke Konkurrenz erforderten sorgfältige Kalkulationen und eine ausgezeichnete Verhandlungstaktik.

Beides schien er nicht genügend zu beherrschen. Während dieser Überlegungen hörte Renate plötzlich die Stimme neben sich sagen: „Also, ich muß ganz ehrlich sage, Se gefalle mer." Dieses Kompliment quittierte sie mit einem undefinierbaren Lächeln und dachte: „Sie gefallen mir aber gar nicht."

Nach kurzer Denkpause erklärte er: „Die Scheidung will ich erst beantragen, wenn das neue Scheidungsgesetz verabschiedet worden ist." – „Der wird sich wundern", mutmaßte Renate. Zufällig hatte sie schon einiges über zu erwartende Nachteile aus berufenem Munde gehört. Doch sie äußerte sich nicht dazu. Schließlich ging sie die Sache nichts an. Außerdem hätte sie zu einer Bemerkung kaum Gelegenheit gehabt. Er redete pausenlos weiter. Aber alles, was er sagte, war ziemlich belanglos.

Schließlich einigten sie sich darauf, in Mönchs Posthotel, präziser gesagt, in der dazu gehörenden Klosterschänke, Kaffee zu trinken. Kuchen verschmähte Renate, weil sie zu reichlich zu Mittag gegessen hatte. Und er hatte sich schon einmal an Kaffee und Kuchen gelabt, anstelle eines Mittagessens. In ungeduldiger Erwartung war er nämlich bereits einige Stunden vor der verabredeten Zeit in Bad Herrenalb eingetroffen.

Anschließend wollte er noch eine Spazierfahrt mit Renate unternehmen. Davon war sie nicht begeistert. „Ich muß allmählich weiterfahren. Gute Bekannte in Tübingen haben mich über das Wochenende eingeladen", war die Begründung ihrer plötzlichen Eile. Er ließ nicht locker. Ihr schwante nichts Gutes. Schließlich sagte sie sich: „Das kriege ich schon hin." Nach weiteren Überredungsversuchen seinerseits und nachdem er betonte, sie könne bestimmen, wohin sie fahren wollten, willigte sie ein.

Er besaß einen Mercedes 350 SE, der auch sehr ungepflegt aussah. Beim Anblick des Wagens erinnerte sich Renate eines geflügelten Wortes aus dem Volksmund: „Wie der Herr, so das Gescherr."

Der kleine Pudel schob sich geflissentlich zwischen die Vordersitze. Das war ihr sehr recht. Er bekam zwar immer wieder die Anweisung, sich auf die Rücksitze zu verziehen. Aber der kleine Kerl dachte gar nicht daran, Herrchen zu gehorchen.

Sie fuhren von Bad Herrenalb aus in Richtung Karlsruhe über Marxzell durch das Holzbachtal, vorbei an dem reizvoll gelegenen Waldhotel Bergschmiede, auf das Renate besonders hinwies. Vor Jahren war sie wiederholt mit ihrem Mann in Herrenalb gewesen. Dadurch kannte sie sich in dieser Gegend ganz gut aus. Sie fuhren weiter in Richtung Rotensol und landeten sehr bald wieder auf der Straße, die von Dobel nach Herrenalb führt. Diese Straße schien ihm bekannt vorzukommen. Er schaute skeptisch drein. Als ihm Renate erklärte, wo sie sich befänden, zeigte er ein reichlich enttäuschtes Gesicht. Vermutlich hatte er gehofft, irgendwo ein verschwiegenes Plätzchen zu finden. Doch auf dieser Strecke gab es keine Möglichkeit, nach rechts oder links vom Wege abzubiegen. Das wußte Renate und hatte deshalb diese Route vorgeschlagen. Seine Enttäuschung amüsierte sie. Sie war froh, als sie auf dem Parkplatz wieder aus dem schmuddeligen Wagen steigen konnte. „Mein Benz . . .", sagte er stets stolz, wenn er von seinem Wagen sprach. Ein Schmuckstück war der Wagen in diesem Zustand nun wirklich nicht.

Eine weitere Enttäuschung für ihn war, daß Renate jetzt endgültig weiterfahren wollte, um noch rechtzeitig nach Tübingen zu kommen. Er hätte gern den Abend mit ihr gemeinsam verbracht. „Wenn wir uns wieder treffen, dürfen sie sich für diesen Tag aber nichts weiter vornehmen", sagte er leicht tadelnd. Den Termin für das nächste Treffen legte er sofort fest, ohne zu fragen, ob sie damit einverstanden sei. In einer Woche wollte er ihr die Bergstraße zeigen. „Ich hole sie zu Hause ab und bringe sie auch wieder zurück", sagte er mit aller Bestimmtheit. Renate blieb gar nichts anderes übrig als zuzustimmen, um endlich wegzukommen – wohl wissend, daß aus diesem Treffen nichts werden würde. Dieses Verhalten entsprach zwar nicht ihrer Mentalität, aber in einem solchen Falle blieb ihr nichts anderes übrig, als sich einer Notlüge zu bedienen.

Bereits am Montag erhielt sie einen Brief von diesem „Kavalier". Er hatte sogar versucht zu dichten. Die Schrift hätte die eines Kindes sein können. Der Brief enthielt außerdem bemerkenswerte Fehler und war geistlos. Seine Liebeserklärung war mehr als kitschig. So hatte sie ihn ungefähr eingeschätzt. Dieser Brief bestätigte den bisher gewonnenen Eindruck.

Renate schrieb ihm höflich ab und annullierte das von ihm festgesetzte Treffen. Sie gab an, aus beruflichen Gründen verhindert zu sein.

Aber er gab so schnell nicht auf. Von Zeit zu Zeit rief er immer wieder an, obwohl Renate ihn ihr Desinteresse deutlich merken ließ. Er glaubte, sie wolle sehr umworben werden. Daran sollte es seinerseits nicht fehlen. Eines Tages schickte er sogar zehn langstielige, dunkelrote Rosen durch Fleurop, allerdings anonym. Das ergab eine Rückfrage im Blumengeschäft, das den Auftrag ausführte. Die Beifügung einer Karte oder eines Briefes war keineswegs übersehen worden. „Der Auftraggeber will nicht genannt werden", hieß es. Nur den Ort, in dem der Auftrag erteilt wurde, erfuhr Renate. Und das genügte vollkommen, um das Rätsel zu lösen. Ihre Vermutung wurde bestätigt.

Einige Wochen später – Renate war gerade dabei, den Weihnachtsurlaub in Salzburg zu planen – rief er wieder einmal an. Nach einigen belanglosen Worten fragte er: „Haben sie meine Blumen bekommen?" Etwas überrascht reagierte Renate zunächst mit einer Gegenfrage: „Blumen?" erwiderte sie gedehnt. Dann fügte sie hinzu: „Ach, haben sie mir neulich die schönen, langstieligen Rosen geschickt?" Diese Frage stellte sie bewußt ohne die geringste Andeutung von Freude oder gar Begeisterung.

„Ja", ertönte es nicht ohne Stolz am anderen Ende der Leitung.

„Vielen Dank. Da keine Karte beilag, wußte ich natürlich nicht, woher die Blumen kamen und konnte mich deshalb nicht bedanken. Nun darf ich das zwangsläufig Versäumte hiermit nachholen", sagte sie betont förmlich.

Natürlich hatte sie sich über die Rosen gefreut, denn sie liebte Blumen. Nur der Absender hätte ein anderer sein müssen, dann wäre die Freude vollkommen gewesen.

„Eine Karte habe ich absichtlich nicht beigefügt", äußerte er.

„So, weshalb denn nicht?"

„Ach, es braucht doch nicht jeder zu wissen", erklang es kleinlaut und enttäuscht. Verständlicherweise hatte er eine andere Reaktion erwartet.

„Können wir uns denn nicht bald einmal wiedersehen?" fragte er nun doch. Renate hatte vergeblich gehofft, die Beantwortung dieser Frage bliebe ihr erspart. „Tut mir leid. Ich muß auf unbestimmte Zeit verreisen", entgegnete sie ausweichend.

„Schade." Deprimiert fügte er hinzu: „Ich werde in einigen Wochen mal wieder anrufen. Vielleicht sind Sie dann zurück." Nach kurzer Verabschiedung war das Gespräch beendet.

Er tat Renate leid. Aber damit war ihm nicht gedient. Und er war enttäuscht, daß er mit dieser Dame nicht weiterkam. Eine Erklärung dafür fand er nicht. Schließlich gab er sich doch alle erdenkliche Mühe, um sie zu erfreuen und ihr zu imponieren.

Bei dieser Hartnäckigkeit mußte Renate befürchten, daß er eines Tages vor ihrer Tür stünde. Um das zu vermeiden und um auch in diesem Falle klare Verhältnisse zu schaffen, bat sie die Repräsentantin, sich einzuschalten. Ihre eigene, schriftliche Absage hatte er offenbar nicht verstanden oder nicht verstehen wollen.

Nun war die Vermittlungstätigkeit des Institutes endgültig beendet.

Es war Renate nicht vergönnt gewesen, dem Gefährten zu begegnen, an dessen Seite sie sich für den Rest ihres Lebens geborgen fühlen durfte und dem auch sie beistehen könnte. Sie kam wieder einmal zu der betrüblichen Einsicht, daß sich im Leben eben nichts erzwingen läßt. Erneut erkannte sie dankbar, wie gut es das Schicksal gemeint hatte, als es sie mit Bernd, ihrem leider inzwischen verstorbenen Mann, zusammenführte.

XV

Trotz einer um fast zwei Stunden verspäteten Abfahrt traf der Zug pünktlich gegen 20 Uhr in Salzburg ein. Hedda und Renate waren von dem sagenhaften Anblick, der sich ihnen bot, überwältigt. Salzburg im Schnee. Die Festung Hohensalzburg, hoch über der Stadt, majestätisch erhaben. In einiger Entfernung der moderne, sachliche Bau des Cafés und Restaurants WINKLER auf dem Mönchsberg, dem Schloß gewissermaßen vorgelagert und mit seinen erleuchteten Fenstern wie ein Spielzeug wirkend. Die nur leicht mit Schnee bedeckten Kalkfelsen sahen aus, als seien sie mit Puderzucker bestäubt worden. Alles wurde angestrahlt von gut placierten Scheinwerfern. Ein zauberhaftes Bild. Besser hätte es ein Maler nicht gestalten können.

Bisher hatten Hedda und Renate Salzburg nur im

Sommer kennengelernt, zur Zeit der Rosenblüte. Dadurch war ihnen der Mirabellgarten in besonders eindrucksvoller Erinnerung geblieben. Im Winterkleid bot diese Stadt ganz andere Perspektiven, wirkte nahezu geheimnisvoll.

In erwartungsvoller Stimmung, wie Kinder kurz vor der Weihnachtsbescherung, bestiegen die beiden Freundinnen ein Taxi, das sie zum Österreichischen Hof brachte. Eine riesige Edeltanne im Vestibül des Hotels, weihnachtlich geschmückt und mit – allerdings elektrischen – Kerzen bestückt, verstärkte ihre weihnachtliche Stimmung.

Die Zimmer waren wunschgemäß reserviert worden und entsprachen genau den Vorstellungen, mit Blick auf Salzach und Salzachpromenade. Im Hintergrund Hohensalzberg mit Festung einerseits und andererseits Mönchsberg mit Schloß sowie Café und Restaurant WINKLER. Nicht zu vergessen die leicht verschneiten Kalkfelsen. Dieser Anblick lud zum Verweilen und zum Träumen ein, zum Träumen mit offenen Augen. Doch dazu war im Moment keine Zeit. Hedda und Renate erfrischten sich ein wenig und begaben sich in den „Roten Salon" des Hauses zum Abendessen. Beide waren hungrig nach der langen Fahrt. Das Auspacken der Koffer verschoben sie bis nach dem Essen.

Am nächsten Vormittag, gut ausgeruht und frohgestimmt, begaben sie sich nach einem gemütlichen und reichhaltigen Frühstück auf Entdeckungen. Der älteste Friedhof Salzburgs – St. Peter – stand zuerst auf ihrem Programm. Da es in der vergangenen Nacht erneut geschneit und gefroren hatte, waren sie gezwungen, vorsichtig zu laufen. Die Wege auf dem Friedhof waren stellenweise spiegelglatt, der Friedhof menschenleer. Trotzdem mußten am Morgen dieses Tages bereits liebevolle Hände am Werk gewesen sein, um die Kerzen zu entzünden, mit denen die Gräber weihnachtlich geschmückt waren.

Eine feierliche Stille umgab Gräber und Grufträume, die alle sehr individuell gestaltet worden waren. Schmiedeeiserne Handwerkskunst dominierte. Aber auch Marmor hatte häufig Verwendung gefunden. Von der Hektik des 20. Jahrhunderts war auf diesem Friedhof nichts zu spüren. Es herrschte eine nicht zu beschreibende Atmosphäre.

In der mindestens ebenso alten Stiftskirche St. Peter, die vom Friedhof aus betreten werden konnte, setzte sich die feierliche Stille fort. Ein recht symbolischer Auftakt für den Heiligen Abend. In den Jahren des Alleinseins hatte keines der Weihnachtsfeste so besinnlich für Hedda und Renate begonnen.

Nach einem kurzen Besuch des Christkindl-Marktes, auf dem bereits abgebaut und eingepackt wurde, spazierten die beiden über die Getreidegasse. Die war an diesem Heiligen Abend, einem Sonntag, fast menschenleer. Unwahrscheinlich für Salzburgs populärste Straße, auf der sich sonst Menschenmassen aneinander vorbeischoben und drängten. Die Zeit der Weihnachtseinkäufe war vorüber, die Geschäfte geschlossen. Die meisten Einheimischen mochten sich jetzt wohl mit häuslichen Festvorbereitungen beschäftigen, so daß sich hier nur einige Touristen tummelten, die von jeglichen Pflichten frei waren.

„Wie schön, wenn man noch einen Mann und eine Familie hat, für die man Überraschungen vorbereiten und die man erfreuen kann", dachte Renate wehmütig. Doch sie äußerte sich nicht, schob diese Gedanken beiseite, um keine sentimentale Stimmung aufkommen zu lassen. Hedda bewegten ähnliche Überlegungen. Aber auch sie schwieg.

Beide betrachteten die Auslagen in den Schaufenstern und merkten sich vor, wo sie kurz vor der Heimfahrt ihre Reisemitbringsel für liebe Freunde und gute Bekannte kaufen konnten.

Nach einem kleinen Imbiß im Café Tomaselli spazierten sie gemächlich über die Salzachpromenade zum Hotel zurück, um eine ausgiebige Mittagsruhe zu halten.

Gegen 18.30 Uhr fanden sich die Gäste des Hauses, festlich gekleidet, zu einem opulenten Weihnachtsmenü in den verschiedenen Speiseräumen des Hotels ein. Hedda und Renate hatten sich im „Roten Salon" einen Tisch reservieren lassen. Dieser Raum gefiel ihnen besonders gut. Trotz seiner eleganten Ausstattung wirkte er anheimelnd und gemütlich.

Das vorzügliche Menü, zu dem sie unter Assistenz eines Obers einen köstlichen Wein ausgesucht und genossen hatten, beendeten sie mit einem doppelten Mocca. Der war nötig, um bis zur Mitternachtsmesse im Dom hellwach zu bleiben.

Inzwischen hatten dienstbare Geister als Festtagsgruß des Hauses Weihnachtsteller mit Gebäck auf die Zimmer verteilt. „Wieviel fleißige Hände mögen bei der Herstellung dieser Köstlichkeiten mitgewirkt haben?" fragten sich Hedda und Renate. „Bei einem vollbesetzten Haus dieser Größe kamen Unmengen zusammen." Das Weihnachtsgebäck war im wahrsten Sinne des Wortes „eine süße Versuchung", der beide nur schwer widerstehen konnten. Je öfter sie ihren Tellern ein Pröbchen entnahmen, um so schwerer fiel es ihnen, das Naschen zu beenden.

Um im Dom einen guten Platz zu bekommen, pilgerten Hedda und Renate schon kurz nach 22 Uhr los, dick vermummt, um sich keine Erkältung einzuhandeln. Der Dom war zwar geheizt, aber jeder Besucherstrom brachte eine Kältewelle mit herein.

Die Mitternachtsmesse am Heiligen Abend war ein feierlicher Abschluß dieses Urlaubstages und ein guter Auftakt für das Weihnachtsfest zugleich. Nach Rückkehr in das Hotel sanken Hedda und Renate gegen zwei Uhr nachts todmüde in ihre Betten.

Der erste Weihnachtsfeiertag begann für sie demzufolge sehr spät. Nach genußreichem Frühstück unternahmen sie bei strahlendem Sonnenschein, trotz klirrender Kälte, eine Stadtrundfahrt. Dazu hatten sie sich einen Fiaker ausgesucht, den zwei prächtige Rappen zogen. Sie trugen ihre Pelzmäntel, waren in dicke Wolldecken gehüllt und somit ausreichend vor Kälte geschützt. Derart ausgerüstet, konnten Hedda und Renate unbedenklich den Augenschmaus genießen, der sich ihnen durch malerische Motive in Form von historischen Bauten und beeindruckenden Landschaften bot. Der Kutscher sparte nicht mit Kommentaren. Leider verstanden sie infolge seines Dialektes und gelegentlich störender Motorengeräusche durch vorbeifahrende Autos nicht alles, was er sagte. Doch das, was sie erfuhren, war völlig ausreichend.

Ihr nächstes Ziel war der Mönchsberg. Nach einer Schloßbesichtigung landeten sie zu einem kleinen Imbiß im Café und Restaurant Winkler. Der Panoramablick über Salzburg, das verschneit und von strahlender Wintersonne überflutet dem Mönchsberg zu Füßen lag, war zauberhaft. Hedda und Renate glaubten, die Schönheit einer Stadt noch nie so intensiv genossen zu haben, wie in den letzten Tagen in Salzburg. Im „Winkler" ist die Sicht von jedem Platz aus gut – zumindest bei klarem Wetter, wie an diesem Tage – weil das Restaurant innen terrassenförmig angelegt ist. Die ganze Front zur Stadt besteht fast nur aus Glas. – Nachdem sich Augen und Mund gelabt, fuhren sie mit der Bergbahn wieder hinunter zur Stadt und begaben sich in ihr Urlaubsdomizil.

Zum Abendessen trafen sich die beiden Urlauberinnen voll freudiger Erwartung in dem von ihnen so geliebten „Roten Salon". Sogar ihr Lieblingstisch war noch frei, obwohl sie ihn nicht hatten reservieren lassen. Nach einem kurzen Blick in die Speisekarte entdeckten sie wieder den Gänsebraten mit „klassischen Beilagen", der ihnen schon am Vormittag das Wasser im Munde zusammenlaufen ließ, als sie nach dem Frühstück diese Speisekarte studierten. Den bestellten beide. Doch schon wenige Minuten später kam der Ober mit der betrüblichen Nachricht zurück, daß der Gänsebraten bereits mittags restlos aufgebraucht worden sei. Das war sehr enttäuschend, aber nicht zu ändern. Bei der reichhaltigen Auswahl fanden Hedda und Renate rasch Ersatz.

Weil erster Weihnachtsfeiertag war, und sie schon auf Gänsebraten verzichten mußten, wählten sie als Nachspeise „Salzburger Nockerln nach Art des Hauses". Doch, oh weh, da kamen zwei Riesenportionen. Eine wäre für beide nicht nur ausreichend, sondern sehr reichlich gewesen. Die Nockerln waren mit hocharomatischen, frischen Himbeeren zubereitet und garniert und schmeckten sehr lecker. Die frischen Himbeeren wurden regelmäßig aus Israel eingeflogen, wie der Ober berichtete. Eine wahre Köstlichkeit, ganz besonders zu dieser Jahreszeit.

Den Rest des Abends verbrachten die beiden Freundinnen in der Bar des Hotels, bei dezenter Musik miteinander plaudernd.

Die Tage in Salzburg waren kurzweilig durch Besichtigungen und den Besuch von Veranstaltungen. Aber sie waren zugleich auch erholsam. Ein stimmungvolles Konzert bescherte Hedda und Renate am Abend des zweiten Festtages erbauliche Stunden. Es fand im Rittersaal der Residenz statt. Bei Kerzenlicht spielte ein Sextett – eine Bratsche, ein Cello, ein Piano, drei Violinen – Melodien von Mozart und Strauß.

Sehr beeindruckend war eines Abends auch der Besuch des Marionetten-Theaters. „Die Fledermaus" von Johann Strauß stand auf dem Programm. Hedda und Renate hatten im Laufe ihres Lebens „Die Fledermaus" schon oft mit Begeisterung auf den verschiedensten Bühnen gesehen. „Die Fledermaus" in einem Marionetten-Theater vermochten sie sich nicht vorzustellen. Deshalb versprachen sie sich auch nicht viel davon. Den Besuch dieser Veranstaltung planten sie nur ein, weil die meisten Bekannten zu Hause meinten, wenn man in Salzburg gewesen sei, müsse man auch eine Aufführung des Marionetten-Theaters erlebt haben. Nun waren sie gespannt was auf sie zukommen würde.

Die Überraschung war riesengroß. Es sah aus als agiere auf der Bühne eine besonders kleine Menschenrasse, Liliputanern ähnlich, nur zierlicher und schlanker. Wäre nicht ab und zu der eine oder andere Faden sichtbar geworden, wäre einem völlig entgangen, daß es sich bei den Darstellern um Marionetten handele.

Die stimmliche Mitwirkung von Schauspielern und Sängern erfolgte durch Tonbandaufnahmen und stimmte so fabelhaft mit den Gesten und Bewegungen der Marionetten überein, daß die Darbietung als eine außerordentliche Präzisionsleistung bezeichnet werden konnte und mußte. Kein Wunder, daß das Salzburger Marionetten-Theater weit über die Landesgrenzen Österreichs hinaus bekannt ist. Es gastiert sogar regelmäßig in Amerika, und zwar immer dann, wenn in Österreich Theaterferien sind.

Hedda und Renate mußten ihre bisherige Ansicht über das Salzburger Marionetten-Theater nach diesem Erlebnis gründlich revidieren. Das taten sie gern – voller Begeisterung.

Einen weiteren Abend widmeten sie dem Besuch des Landes-Theaters. „Der Graf von Luxemburg" von

Franz Lehár brachte ihnen amüsante und beschwingte Stunden.

Und für den letzten Abend im alten Jahr fiel ihre Wahl auf die Kammerspiele. Dort sahen sie die moderne Komödie „Eine phantastische Nacht" von Jerome Chodorov, einem Amerikaner. Anfangs liebäugelten sie mit einem Schauspiel. Aber als Silvester-Auftakt erschien ihnen die Komödie geeigneter.

Nach einem glänzenden Start am Broadway wurde diese Komödie während einer großen Tournee durch die Vereinigten Staaten und durch Kanada populär. Die deutsche Erstaufführung des mittlerweile in viele Sprachen übersetzten Stückes erfolgte 1976 in Berlin.

Frohgestimmt landeten die beiden Freundinnen gegen 22 Uhr im Österreichischen Hof, um das Silvestermenü einzunehmen. Ein Tisch war für sie reserviert. Die Räume waren mit Blumen und Girlanden festlich geschmückt. In der Bar und im Vestibül wurde getanzt.

Während sie darauf warteten, daß serviert wurde, musterte Renate unauffällig die anwesenden Gäste. Derweil studierte Hedda noch immer die Getränkekarte, obwohl sie sich längst entschieden hatten. „Kaum zu glauben, wie viele Frauen ohne männliche Begleitung hier sind", flüsterte ihr Renate zu. „Früher wäre es für Frauen unmöglich gewesen, allein auszugehen. Wir können froh sein, daß wir nicht einige Jahrzehnte früher geboren wurden", meinte Hedda nachdenklich und fügte noch hinzu: „Was kann schon einen Partner und seine Liebe aufwiegen." Der Ansicht war Renate auch, aber sie vermied es, auf Heddas Äußerung einzugehen. Sie bemühte sich, optimistisch in das neue Jahr überzuwechseln und versuchte, diesen Optimismus auch auf Hedda zu übertragen.

Es war rasch Mitternacht geworden. Der Sekt stand rechtzeitig bereit. Sie wünschten sich gegenseitig alles Gute für das nun beginnende neue Jahr.

Von allen Kirchen der Mozartstadt – nach Aussage des Fiakerkutschers sollten es über vierzig sein – ertönte Glockengeläut.

Nach kurzer Pause nahm die Tanzkapelle ihre Tätigkeit wieder auf.

Hedda und Renate begaben sich bald auf ihre Zimmer, weil sie am nächsten Tag zeitig aufstehen und abreisen mußten.

Am Morgen des Abreisetages traute Renate ihren Augen kaum, als sie aus dem Fenster schaute. Es lag hoher Schnee. „Zum Abschied zeigt sich Salzburg noch einmal in winterlicher Pracht – wie romantisch", stellte sie begeistert fest. Denn in der Zwischenzeit waren die Temperaturen schon recht frühlingshaft gewesen und der Schnee dahingeschmolzen. Rasch informierte sie Hedda telefonisch. Noch etwas schlaftrunken nahm diese die Nachricht ziemlich gleichgültig auf.

Während des Frühstücks hörten sie zufällig, daß an den Nachbartischen über Straßenglätte gesprochen wurde. Sie machten sich deshalb keine Sorgen. Vermutlich bezog sich das auf Fernstraßen und Autobahnen. Erst als der Portier nach dem Frühstück fragte, für welche Uhrzeit er das Taxi bestellen solle und sich nach der Abfahrtszeit des Zuges erkundigte, wurden sie sich ihrer prekären Situation bewußt. Infolge der überall herrschenden Straßenglätte mußten sie früher vom Hotel abfahren. Welch Glück, daß der Portier so fürsorglich und umsichtig war. Sonst hätten sie unter Umständen noch den Zug verpaßt. Das Taxi, das normalerweise für die Strecke vom Hotel bis zum Bahnhof nur wenige Minuten benötigt, war fast eine halbe Stunde unterwegs. Es war derart glatt, daß kaum im Schritt-Tempo gefahren werden konnte.

Auf der Rückfahrt entstanden erhebliche Zugverspätungen infolge starker Schneeverwehungen. War rechts und links der Bahnstrecke mal ein Auto zu sehen, was höchst selten vorkam, so kroch es im Schneckentempo dahin.

Der Urlaub war sehr schön und harmonisch verlaufen, hatte viel Abwechslung gebracht. Aber es war wieder einmal eine Flucht aus der Realität, in die sie nun zurückkehren mußten.

XVI

Hedda und Renate fiel es schwer, sich wieder mit der rauhen Wirklichkeit – dem Alleinsein – abzufinden. Hinzu kam, daß das Wetter in der Folgezeit ausgerechnet an den Wochenenden besonders unfreundlich und die Straßenverhältnisse riskant waren. Dadurch fielen die gewohnten Ausflüge wiederholt aus. Ein zusätzliches Handicap. Beide telefonierten häufig miteinander. Aber jede blieb zu Hause, allerdings ungern. Das schlechte Wetter und das Alleinsein verleiteten zum Grübeln. Denn auch das Alleinsein muß man lernen. Und das ist gar nicht so leicht. Selbst ihre zahlreichen Hobbys konnten sie nicht über das Alleinsein hinwegtäuschen.

Hedda genehmigte sich im Laufe eines Tages jeweils „einige Schlückchen" und schwebte dann wieder auf rosaroten Wolken glücklicher Vergangenheit.

Renate dagegen betrachtete ihre Situation im wahrsten Sinne des Wortes nüchtern und kam zu dem Schluß: „Einsamkeit ist der halbe Tod." Zugleich stellte sie sich erneut die Frage: „Wie kann ich diesem Übel abhelfen?" Die bisherigen Bemühungen um einen Neubeginn waren kläglich gescheitert. Das lag aber weniger an ihr selbst, als an den damit verbundenen, mangelhaften Voraussetzungen. Nach gründlichen Erwägungen entschied sie sich für ein Inserat in einer überregionalen Tageszeitung. Den Text dafür setzte sie sofort auf, um nicht wieder wankelmütig zu werden. Das Inserat erschien zum gewünschten Termin. Nur wenige Tage später erhielt sie eine Fülle von Zuschriften. Weit mehr als erwartet.

„Diesen Weg hätte ich gleich gehen sollen. Der wäre weniger kostspielig gewesen als die Honorierung der Tätigkeit des Institutes", stellte Renate bedauernd fest. Mit dieser Erkenntnis wollte sie dem Institut absolut keine Schuld zuweisen. Das konnte schließlich nur vermitteln, was sich anbot. Daß die Darstellungen mit den tatsächlichen Verhältnissen oft nicht übereinstimmten, lag vielleicht an einer gewissen Schönfärberei seitens der Klienten. Zum Teil vielleicht auch an einer leichten Nachhilfe des Institutes, um günstige Erfolgsaussichten zu schaffen. Doch das jetzt ergründen zu wollen, nachdem der Vertrag abgelaufen war, erschien Renate unwichtig.

Am Abend in aller Ruhe, bei einem Gläschen Wein, sichtete sie die Zuschriften und begann „Spreu vom Weizen" zu trennen. Wirklich ansprechend wirkten nur zwei Briefe. Der Rest war indiskutabel. Hier und da beigefügte Fotos wurden anonym zurückgeschickt, die Briefe total vernichtet, damit nichts in unrechte Hände geraten konnte.

Besonders interessant erschien zunächst ein Geschäftsmann aus dem Taunus. Seit vielen Jahren geschieden, wie er angab. Der schrieb einen reizenden Brief, romantisch und stilistisch ausgezeichnet. Ein Brief ganz besonderer Art. Nur die krakelige Unterschrift, die so ungeübt wirkte, wollte nicht recht zum Niveau des Briefes passen. Sie stand in einem krassen Widerspruch dazu. Wie sollte sie sich das erklären? Renate legte den Brief beiseite und erwog allerlei Möglichkeiten. Dann nahm sie ihn wieder zur Hand und las ihn erneut. Sie war ratlos.

Zu gern hätte sie Heddas Ansicht gehört. Denn die

hatte manchmal einen sechsten Sinn. Aber Hedda besaß von Renates Aktivitäten in dieser Richtung noch immer keine blasse Ahnung. Trotz des absoluten Vertrauensverhältnisses, das sich im Laufe der Jahre herauskristallisierte, hielt es Renate für ratsam, darüber zu schweigen.

„Der Briefschreiber und der Unterzeichner dieser Zeilen", die mit Maschine geschrieben waren, „können unmöglich ein und dieselbe Person sein", rätselte sie erneut. „Vielleicht will er zunächst anonym bleiben, hat den Brief unter dem Namen seines Butlers verfaßt und ihn auch unterschreiben lassen. Vermutlich ist dieser Butler ein altes Faktotum seines Hauses, zu dem er ein gutes, fast freundschaftliches Vertrauensverhältnis besitzt. Womöglich handelt es sich bei dem Verfasser des Briefes gar nicht um einen Geschäftsmann, sondern um einen Politiker oder um eine andere prominente Persönlichkeit", überlegte Renate.

Da im Briefkopf, der auch nur mit Maschine geschrieben und nicht gedruckt war, die Telefonnummer fehlte, hielt sie bei der Fernmeldeauskunft Rückfrage. „Unter diesem Namen gibt es keinen Anschluß", lautete die Antwort. Renates Verdacht verstärkte sich. Diese Auskunft betrachtete sie sogar als indirekte Bestätigung ihrer Vermutung. „Einen Geschäftsmann ohne Telefon gibt es nicht. Das ist undenkbar in der heutigen Zeit. Die Angelegenheit ist reizvoll und muß ventiliert werden. Wer weiß, wer sich hinter diesem Namen verbirgt?" fragte sie sich. Ihre Idee, einen Detektiv einzuschalten, verwarf sie wieder. Statt dessen reagierte sie auf diesen außergewöhnlichen Brief mit ein paar netten Zeilen. Einen anderen Weg, das Geheimnis zu lüften, gab es nicht. Erwartungsvoll und reichlich ungeduldig harrte sie der Dinge, die da kommen sollten, kommen mußten. Lange brauchte sie nicht zu warten. Bereits unmittelbar nach Erhalt ihres Briefes rief der Empfänger an – mit krächzender Stimme. Oh, welche Enttäuschung. Renate fiel buchstäblich aus allen Wolken. Ihre Illusionen schmolzen im Handumdrehen dahin.

Für den im Telefonbuch fehlenden Eintrag gab es eine Erklärung. Er besaß eine Geheimnummer, die nur seine Freunde und ständigen Geschäftspartner kannten. In seiner Eigenschaft als Edelsteinhändler tätigte er Geschäfte mit dem Orient. Das ließ einiges vermuten, ahnen.

Den fabelhaften Brief hatte er sicher schreiben lassen oder irgendwo abgeschrieben. Zwischen dem Briefstil und seiner Ausdrucksweise am Telefon bestand ein krasser Unterschied. Der war auch bei allergrößtem Wohlwollen nicht zu übersehen oder zu überhören. Das war nicht der Mann, mit dem sie reden und dem sie zuhören konnte. Ein solches Täuschungsmanöver war alles andere als imponierend.

Geld schien für ihn keine Rolle zu spielen. Zur Zeit ließ er sich in der Schweiz ein villenartiges Einfamilienhaus bauen, das von einem großen Park umgeben sein würde. In absehbarer Zeit wollte er sich aus dem Geschäftsleben zurückziehen. Die ihm noch verbleibenden Jahre beabsichtige er mit einer lieben Partnerin zu genießen, wie er sagte. Aus seiner vor Jahren geschiedenen Ehe seien keine Kinder hervorgegangen.

Er lockte Renate mit großen Reisen und wertvollem Schmuck, den sie dann bekommen würde. Darauf ging sie gar nicht ein. „Reichlich voreilig", meinte sie. „Er hat mich noch nicht einmal gesehen, kennt mich nicht. Ich könnte ja ein häßliches Entlein sein." Seine Zukunftspläne waren in ihren Augen nur Utopie, jedenfalls soweit sie sie betrafen. Schließlich suchte sie keine materiellen Vorteile. Ihr kam es auf charakterliche und geistige Werte an.

Die Einladung über das nächste Wochenende in sein Haus lehnte sie dankend ab. „Ich schlage zunächst ein

Treffen auf halbem Wege vor", sagte sie liebenswürdig, aber bestimmt. Die Festlegung eines Treffpunktes und eines Termines bat sie wegen starker, geschäftlicher Inanspruchnahme zurückzustellen. – Sie wollte Zeit gewinnen und dann schriftlich absagen.

Bereits nach zwei Tagen meldete er sich wieder. Nach kurzer Gesprächseinleitung kam er zur Sache: „Ich schlage Wiesbaden als Treffpunkt vor. Dort kenne ich mich bestens aus. Wir können nett ausgehen und anschließend in einem erstklassigen Hotel, in dem ich sehr gut bekannt bin, übernachten. Ich werde ein Appartement für zwei Personen reservieren lassen. Können wir uns auf das kommende Wochenende einigen?"

„Das könnte dem so passen", dachte Renate im Moment erbost. Fast im gleichen Augenblick fiel ihr ein, daß ein solches Ansinnen für sie nicht mehr neu war. Aber es war und blieb für sie indiskutabel. Über das Appartement für zwei Personen regte sie sich deshalb nun nicht mehr auf. Ruhig und gelassen sagte sie: „Das ist leider nicht möglich. Ich muß an einer Tagung teilnehmen und komme erst im Laufe des Sonntags zurück." Er war sichtlich enttäuscht und auch nicht davon überzeut, daß das Gesagte tatsächlich stimmte. Doch das Gegenteil konnte er nicht beweisen. „Außerdem sollten wir uns zunächst einmal zu einem unverbindlichen Gespräch treffen. Dann werden wir weitersehen", fügte sie betont kühl hinzu. Darauf ging er nicht ein. Für ihn galt das Motto: Alles oder nichts. – Nach einigen belanglosen Floskeln beendeten sie das Gespräch.

„Dieser Mann wird noch zum Alptraum für mich", befürchtete Renate während sie den Telefonhörer auf die Gabel legte. „Ein Treffen mit ihm hat doch gar keinen Sinn. In den nächsten Tagen werde ich ihm abschreiben", beschloß sie. Und das tat sie auch.

Ihn tangierte die Absage keineswegs. Er hatte sie erwartet und sich vorsorglich schon anderweitig orientiert.

XVII

Nun blieb nur noch ein Diplom-Ingenieur mit eigenem Ingenieur-Büro aus dem Süddeutschen Raume. Gerade als sich Renate noch einmal mit seinem Brief beschäftigte, den sie inzwischen auch beantwortet hatte, rief dieser Herr an. Er beabsichtigte, sie am nächsten Tag zu besuchen. Infolge anderweitiger Verpflichtungen konnte sie seinem Vorschlag nicht zustimmen. Ein Besuch bei ihr zu Hause hätte auch ihrem Grundsatz widersprochen: Erstes Treffen auf neutralem Boden.

Da er sich am übernächsten Tage auf eine Geschäftsreise begeben mußte, deren Dauer noch nicht abzusehen war, einigten sie sich darauf, daß er sich wieder melde, sobald er zurück sei.

„Dieser Mann hat eine sehr sympathische Stimme und spricht ein einwandfreies Schriftdeutsch", stellte Renate nach Beendigung dieses Gespräches erfreut fest. Auf das persönliche Kennenlernen war sie sehr gespannt. Es tat ihr jetzt leid, daß sie keine Möglichkeit gefunden hatte, ihm bereits am nächsten Tage irgendwo zu begegnen.

Die Zeit des Wartens war mit viel Arbeit ausgefüllt, so daß sie nur selten dazu kam, an den ihr noch Unbekannten zu denken. Außerdem lagen Hoffnung und Skepsis zur Zeit ohnehin bei ihr im Widerstreit, nach allem, was sie bisher erlebt hatte. –

Nach etwa zehn Tagen erhielt sie den versprochenen Anruf. Am darauffolgenden Samstag trafen sie sich in einem netten, kleinen Restaurant in Bad Homburg zum Mittagessen.

Das in seinem Brief als blond bezeichnete Haar war

einwandfrei grau. Vielleicht war er früher, in jungen Jahren, einmal blond gewesen und wollte nur zum Ausdruck bringen, welchem Typ er zuzuordnen war. Aber das Grau stand ihm sehr gut.

Er war erst seit einem halben Jahr verwitwet, seine Frau an Krebs gestorben. Die Gründe, sich schon nach so kurzer Zeit nach einer neuen Partnerin umzusehen, waren Einsamkeit, das Gefühl des Verlassenseins, mangelnde Geborgenheit.

Er war groß, sah gut aus und war zwei Jahre jünger als Renate. Ein jüngerer Partner erschien ihr zwar nicht unbedingt erstrebenswert. Aber nicht in jedem Falle zählen die Jahre, sondern Veranlagung und Einstellung zum Leben. An Zahlen wollte sie sich nicht klammern.

Auf diesen minimalen Altersunterschied angesprochen, erklärte er, daß seine verstorbene Frau auch zwei Jahre älter gewesen sei als er. Da sie eine äußerst glückliche Ehe miteinander geführt hätten, sollte die neue Partnerin möglichst auch wieder zwei Jahre älter sein. – So etwas kam selten vor. Denn meist suchten sich doch ältere Herren eine jüngere, oft sogar wesentlich jüngere Partnerin. Außerdem wünschte er sich, daß seine künftige Frau seiner ersten in etwa ähnlich sein möge. Und das traf in diesem Falle tatsächlich zu, wie er an Hand eines Fotos nachwies. Welch seltener Zufall!

Die innere Bindung zur Verstorbenen schien verständlicherweise noch sehr stark zu sein. Das war aus mancher Äußerung zu entnehmen. Der Schmerz über den schweren Verlust sollte also zunächst nur „übertüncht" werden, damit er erträglicher würde. Eine neue Bindung konnte gutgehen, konnte wachsen, konnte sich festigen. Schließlich handelte es sich um zwei Leidensgenossen, die einen Neubeginn anstrebten. Aber eine solche Bindung konnte auch sehr rasch zerbrechen, wenn das Verhalten der neuen Partnerin dem Vergleich mit der verstorbenen Ehefrau nicht weitestgehend standhielt, wenn die Verhaltensweisen nicht immer übereinstimmten. In einer zu frühen Bindung, auf die es ihm ankam, lag eine große Gefahr. Dessen war sich Renate bewußt. Aber ansonsten hatte sie keine Bedenken. Er war ein Mensch, der sehr genau wußte, was er wollte. Und der auch viel erreicht hatte in seinem bisherigen Leben, obwohl er nur aus einfachen Verhältnissen stammte und sich alles schwer erarbeiten mußte. Das betonte er ganz besonders. Denn er war stolz auf das Erreichte. Und das konnte er auch sein.

Für Fehler und Schwächen seiner Mitmenschen schien er – wie die bisherige Unterhaltung zeigte – großes Verständnis zu haben. Außerdem war er aufmerksam und rücksichtsvoll. Ein Kavalier alter Schule. Keine Spur von Überheblichkeit. Keine Andeutung von übertriebenem Egoismus. So, wie es aussah, war er ein (fast) idealer Mensch.

Er hatte sich eine gewisse Lausbubenhaftigkeit bewahrt, die recht gut zu seinem Erscheinungsbild paßte. Trotzdem wirkte er durchaus seriös. Renate registrierte mit großem Wohlgefallen so manche Ähnlichkeit mit ihrem verstorbenen Mann.

Das Verhältnis zwischen Vater und Söhnen war sehr harmonisch. Der ältere beendete unlängst sein Studium, würde in wenigen Wochen heiraten und dann im väterlichen Ingenieur-Büro mitarbeiten. Mit seiner jungen Frau sollte er vorerst mit in Vaters Haus wohnen bis das eigene Haus, das sein Vater für ihn bauen ließ, bezugsfertig sei.

Der jüngere Sohn befand sich noch mitten im Studium, besaß aber schon eine eigene Wohnung. Wegen ständig wechselnder Freundinnen brauchte er seine Freiheit, wollte unbeaufsichtigt und unkontrolliert sein. Vater zeigte dafür Verständnis. „Als junger Mann habe ich mich genauso verhalten. Mir sind die Mädchen damals förmlich nachgelaufen", erzählte er stolz und schwelgte in Jugenderinnerungen. Dem Wunsch des Sohnes nach einer „eigenen Bude" hatte er ohne zu zögern zugestimmt. „Seinerzeit brachten Eltern den Plänen und Wünschen ihrer Söhne in dieser Hinsicht leider nicht so viel Verständnis entgegen wie heute", fügte er hinzu. Renate nahm seine Worte liebenswürdig lächelnd zur Kenntnis und dachte: „Na, die Phase ständig wechselnder Freundinnen dürfte beim Senior jetzt hoffentlich überstanden sein."

Eine Haushälterin, die schon seit gut zwei Jahrzehnten fast zur Familie gehörte, versorgte Haus und Garten. Sonntags kochte er selbst, weil er werktags fast ständig unterwegs und dadurch meist auf Restaurants angewiesen war. Wie er schilderte, war er ein begeisterter Hobby-Koch.

Seine verstorbene Frau war fast immer mit ihm gereist, und die zukünftige sollte das ebenfalls. Das hörte Renate gern, denn sie war sehr reisefreudig. Beide waren sich recht sympathisch und stellten auf vielen Gebieten Übereinstimmung fest. Folglich verabredeten sie sich erneut.

Renate war über diese Begegnung vorbehaltlos glücklich. Auch er konnte das Wiedersehen mit ihr kaum erwarten.

Eine Woche später trafen sie sich zu einer zünftigen Wanderung im Taunus. Es war ein herrlicher Tag, witterungsmäßig günstig. Sie unterhielten sich über ihre bisherigen Reisen, über die Gestaltung von Geburts- und Feiertagen, den Besuch von kulturellen Veranstaltungen und auch über positive und negative Gewohnheiten im Alltag und dergleichen mehr. Sie lästerten über kleine, nebensächliche Marotten, waren lustig und vergnügt, mitunter fast übermütig. Zwischendurch kamen sie – durch Gedankensprünge – auch auf ernste Themen zu sprechen. Dabei erwähnte er erneut, wie sehr er seit dem Tode seiner Frau das Gefühl der

Geborgenheit vermisse. Renate erging es nicht besser – und das nun schon seit Jahren. Sie schätzte es, daß er so freimütig und offen darüber sprach. Beide hatten das Gefühl, sich schon ewig zu kennen.

Als sie am späten Nachmittag zum Ausgangspunkt ihrer Wanderung zurückkehrten, hatten sie eine stattliche Anzahl von Kilometern zurückgelegt. Das war ihnen während ihrer anregenden Unterhaltung gar nicht bewußt geworden. Bevor sie sich trennten, lud der Diplom-Ingenieur Renate zu einem Besuch in sein Haus ein. Sie nahm diese Einladung gern an. Er hatte sich bisher äußerst korrekt verhalten, so daß sie keine Bedenken zu haben brauchte. Über den genauen Termin wollten sie sich an einem der nächsten Tage telefonisch unterhalten.

Beide waren davon überzeugt, vom Schicksal füreinander bestimmt zu sein. Wie auf einer Woge des Glücks fuhren sie in entgegengesetzten Richtungen heimwärts. Der Himmel hing für sie voller Geigen.

Renate wartete sehnlichst und ungeduldig auf den versprochenen Anruf. Nach zwei Tagen kam anstelle des Anrufs ein Brief von ihm. Nichts Gutes ahnend, öffnete sie hastig den Umschlag. Mit Entsetzen las sie, daß er auf der Heimfahrt einen schweren Unfall gehabt hatte. In einem großen Baustellenbereich auf der Autobahn – Geschwindigkeitsbegrenzung 60 km/h, wie meist üblich, an die er sich hielt – raste ein Ausländer mit Tempo 120 auf seinen Mercedes auf. Diese Geschwindigkeit ergaben die Rekonstruktionen der Polizei und ein Sachverständigengutachten. Durch den Aufprall des anderen Fahrzeuges überschlug sich sein Wagen mehrmals und landete schließlich auf einem Acker neben der Autobahn. Dort blieb er auf dem Dach liegen. Das erschwerte natürlich das Aussteigen erheblich. Ihm selbst sei nichts passiert, weil er angegurtet war. Er habe lediglich einen schweren Schock davongetragen und befände sich deshalb ambulant in ärztlicher Behandlung. Sein Wagen sei schwer demoliert, so daß er mit einem Totalschaden rechnen müsse. Endgültiges werde die noch laufende Überprüfung und ein weiteres Sachverständigengutachten ergeben.

Und das alles passierte kurz vor dem Ziel. Unglaublich! Der Unfallverursacher mußte wie ein Irrer gefahren sein. Vielleicht übersah er infolge Übermüdung oder durch Alkoholgenuß die Hinweisschilder und erkannte in der Dunkelheit den vor ihm fahrenden Wagen zu spät.

Doch das waren zunächst nur Vermutungen. Der „Übeltäter" lag im Krankenhaus und war noch nicht vernehmungsfähig. Und sonst war niemand dabeigewesen. Es gab keine Begleitpersonen, keine Zeugen, die hätten Auskunft geben können.

Renate war erschüttert über diese „Hiobsbotschaft". Aber sie war zugleich auch froh, daß der Diplom-Ingenieur keine Verletzungen erlitten hatte. Am liebsten hätte sie ihn sofort angerufen. Aber sie war nicht sicher, wie er in diesem Schockzustand auf ihren Anruf reagieren würde. Dazu kannte sie ihn noch zu wenig. Deshalb zog sie es vor, ihm zu schreiben – Worte des Bedauerns und des Trostes, soweit man in einem solchen Fall trösten kann. Sie wünschte ihm gute Besserung und baldige, völlige Genesung von diesem unangenehmen Schock.

Nach Büroschluß – der Brief war schon unterwegs – versuchte sie ihn dann doch anzurufen. Leider meldete sich niemand. Entweder war übersehen worden, das Telefon vom Betrieb auf das Privathaus umzustellen, oder er wollte von niemand gestört werden, vermutete Renate.

Er saß tatsächlich mutterseelenallein zu Hause und haderte mit seinem Schicksal. Ihn interessierten seither weder der Beruf noch Freunde und Bekannte, die es ausnahmslos gut mit ihm meinten. Er wollte niemanden sehen und mit niemandem sprechen. Deshalb nahm er auch den Telefonhörer nie ab. Mochte es läuten, so lange es wollte. Die Haushälterin erhielt strikte Anweisung, auch nicht an den Apparat zu gehen. Die Sekretärin mußte alle seine Termine absagen.

Seine Zukunftspläne hatte er restlos begraben. Nun saß er da und bedauerte sich selbst. Sein Hausarzt, mit dem er befreundet war, besuchte ihn täglich – gegen seinen Willen – und gab sich alle Mühe, ihn aus seiner Lethargie zu reißen. Doch das war nicht so einfach und bedurfte großer Geduld und Ausdauer. Aber der Arzt kannte einen solchen Zustand schon bei ihm. Unmittelbar nach dem Tode seiner Frau hatte er sich ähnlich verhalten. Damals war das verständlich. Aber diesmal ging es doch hauptsächlich nur um einen materiellen Verlust. Wie hoch der sein würde, war noch abzuwarten. Und der Schock ließ sich schließlich abbauen und allmählich beheben. Doch dazu war die Mithilfe des Patienten erforderlich, vor allem sein fester Wille, wieder fit zu werden. Das erklärte ihm der Arzt unmißverständlich. Ein Grund zur Panik war keineswegs vorhanden.

Der „liebe Patient" quälte sich weiterhin mit Zweifeln und Selbstvorwürfen, die meist irrig und mitunter widersinnig waren. Alles zu widerlegen, was er sich da zusammenreimte, war sehr schwer. Jedesmal, wenn der Arzt glaubte, seinen Freund auf den rechten Weg gebracht zu haben, begann das Wortgefecht von neuem. – Es war eine Tragödie.

Von alledem ahnte Renate nichts. Eine Schockwirkung dieses Ausmaßes vermochte sie sich auch nicht vorzustellen.

In den nächsten Tagen wurde sie mit einem eigenen Problem konfrontiert. Während einer Routineuntersuchung stellte sich heraus, daß sich Renate unverzüglich einer Operation unterziehen mußte. Es blieb ihr gar nichts anderes übrig, als die ärztliche Weisung zu akzeptieren.

Was nun? Sollte sie ihn informieren oder sollte sie ihm die Operation zunächst verschweigen? Renate wollte ihn nicht noch zusätzlich belasten. Deshalb zog sie es vor, abzuwarten bis er auf ihren Brief reagierte. Dann wollte sie Farbe bekennen.

Ein mit ihr befreundetes Ehepaar fuhr sie ins Krankenhaus, um ihr den schweren Schritt zu erleichtern. Renate hatte unheimliche Angst, aus der Narkose nicht wieder aufzuwachen. Doch diese Angst war unbegründet. Es lief alles wie am Schnürchen. Das befürchtete Nichtwiederaufwachen war nicht eingetreten. Sie fühlte sich pudelwohl und war froh, daß sie dieses „Risiko" hinter sich hatte. Renate genoß das Nichtstun und las begeistert das Buch „HURRA, wir leben noch". Von Zeit zu Zeit griff sie gern zu einem Roman dieser Art mit leicht kriminalistischem Einschlag. Dieses Buch hatte sie für den Krankenhausaufenthalt ganz bewußt gewählt. Sie betrachtete es in ihrem Falle wegen seines Titels als eine Art Talisman oder als eine gewisse Herausforderung oder Beschwörung des Schicksals. Vielleicht auch als leichte Ironie. Genau definieren konnte sie den Grund nicht. Und das wollte sie auch gar nicht. Natürlich wußte sie, daß das alles Utopie war. Das Schicksal ließ sich weder bestechen noch beeinflussen – jedenfalls nicht auf diese Weise. Aber diese Albernheit, über die sie selbst lästerte, half ihr, vor der Operation die Angst in Grenzen zu halten. Und darauf kam es ihr an.

Dieser über siebenhundert Seiten umfassende „Wälzer" war amüsant und spannend: Jakob Formann, die Hauptfigur des Romans, erlebte einen raketenhaften Aufstieg. Aus totaler Armut rangelte er sich, unter Ausnutzung der damaligen Nachkriegsverhältnisse

(1945) und durch eine besonders glückliche Hand beim Abschluß von Geschäften vielerlei Art, zum Multimillionär empor. Es war imponierend und manchmal auch unwahrscheinlich, wie er das zustande brachte.

Seine Unkenntnis und seine Unbeholfenheit auf gesellschaftlichem Parkett wirkte äußerst peinlich. Renate bekam direkt Mitleid mit ihm, als sie darüber las. Noch peinlicher war die Nachhilfe auf diesem Gebiet durch eine Baronin aus verarmtem Adel. „Die Edle" nannte er sie – natürlich nur hinter ihrem Rücken. Er hatte sie eigens für diesen Nachhilfeunterricht engagiert. Sie hatte es nicht leicht mit ihm, weil er oft recht uneinsichtig war. –

Nach einigen Jahrzehnten feudalen Lebens kam der Verlust seines Wirtschaftsimperiums. Durch den Betrug seines besten Freundes und zugleich seines engsten Mitarbeiters, der Formanns grenzenloses Vertrauen im Ausmaße allergrößten Stils mißbrauchte, verlor er alles. Ein Komplott zur Zeit der Ölkrise ließ die Bombe platzen. Arm wie eine Kirchenmaus stieg Formann vom Luxusschlitten mit Chauffeur wieder auf das Fahrrad um. Nun war er wieder am Ausgangspunkt seiner Karriere angelangt.

Mit seinem Fahrrad kam er dann an bei der Frau, die er immer noch liebte. Die er all die Jahre hindurch nur geliebt und sich oft nach ihr gesehnt hatte – trotz seiner vielen Amouren und unzähligen Flirts mit den schönsten und elegantesten Frauen der High-Society.

Lange Zeit hatte er geglaubt, dieses Leben voller Luxus und voller Laster gehöre zum guten Ton. Den Boden unter den Füßen schien er total verloren zu haben. Nach seiner Pleite kam die Ernüchterung.

Zu seiner großen Freude liebte „sein Hase", wie er die Frau meist nannte, die er vor cirka dreißig Jahren kennenlernte, auch ihn noch immer. Sie schien geradezu auf ihn gewartet zu haben. Jetzt konnte das normale

Leben – mit Graubrot und Schweineschmalz, wonach ihm in der zurückliegenden Zeit oft gelüstete – beginnen.

Formanns dieser Art waren in den Jahren nach dem Zweiten Weltkrieg keine Seltenheit.

Das Buch „HURRA, wir leben noch" war eine herrliche Ablenkung für Renate. – Sie bekam täglich ihre Post zugestellt, sie telefonierte – geschäftlich und privat. Es verging kein Tag, an dem sie nicht lieben Besuch aus ihrem Freundeskreis erhielt. Hedda kam regelmäßig jeden zweiten Tag. Nur von dem Herrn aus Süddeutschland hörte sie nichts. „Ob sich sein Zustand verschlechtert hat und eine stationäre Behandlung erforderlich wurde?" fragte sie sich. Vom Krankenhaus aus mochte sie ihn nicht anrufen. Irgend etwas hielt sie davon zurück. Sie konnte es sich selbst nicht erklären. Um nicht unnötig grübeln zu müssen, freute sie sich, wenn sie wieder nach ihrem Buch greifen konnte, sobald sie allein war. Es fesselte sie stets erneut. Diese köstlich humorvolle Art förderte ihr seelisches Gleichgewicht. Zehn Tage nach der Operation kehrte sie in euphorischer Stimmung nach Hause zurück. Trotz seines Unfalles und ihrer Operation sah sie die Zukunft in rosigen Farben vor sich.

Unter der Post, die wenige Stunden vor ihrer Heimkehr eingetroffen war, befand sich auch ein Brief von ihm. „Hurra, endlich", freute sich Renate. Doch dieser Brief enthielt eine große Enttäuschung für sie, mit der sie nicht gerechnet hatte. Er teilte ihr mit, daß er zufällig eine ehemalige Schulfreundin wiedergetroffen habe, die inzwischen auch verwitwet sei. Die alte Liebe sei neu entflammt, sie möge bitte dafür Verständnis haben. – Wie es ihm gesundheitlich ging und wie der Schadensfall auf Grund des zweiten Gutachtens abgewickelt würde, davon erwähnte er nichts. Auch auf Renates Brief ging er nicht ein.

Sie fiel buchstäblich aus allen Wolken. „Das zufällige Treffen einer ehemaligen Freundin oder eines ehemaligen Freundes scheint eine sehr beliebte Ausrede zu sein", vermutete sie. Einer ähnlichen Formulierung hatte sie sich in ihrer Absage an den Edelsteinhändler aus dem Taunus auch bedient. Doch mit dieser Vermutung war das Problem nicht gelöst. Sie grübelte noch und noch nach der tatsächlichen Ursache für diese Entscheidung.

„Es war sicher ein Fehler von mir, daß ich ihn nicht wahrheitsgemäß informierte", meinte Renate jetzt. „Mein Schweigen hielt und hält er wahrscheinlich für mangelndes Mitgefühl, fehlendes Einfühlungsvermögen. In Wirklichkeit war es nur Rücksichtnahme, vielleicht sogar übertriebene Rücksichtnahme, von der er nichts ahnt. Soll ich ihm einen klärenden Brief schreiben? Soll ich ihn anrufen?" fragte sie sich. Sie konnte sich weder für die eine noch für die andere Lösung entscheiden. Keinesfalls wollte sie ihn zu einer Revidierung seines Entschlusses veranlassen, nachdem die Würfel gefallen waren. Sie wäre sich aufdringlich vorgekommen.

„Vielleicht betrachtet er den Unfall als böses Omen, weil er sich im Zusammenhang mit unserem Treffen ereignete?" rätselte sie weiter. Zu einem endgültigen Resultat kam sie nicht.

„Ein offenes Wort zur rechten Zeit bewirkt oft Wunder", dachte sie. Doch diese Weisheit nützte ihr nun leider nichts mehr. Dazu war es ihrer Meinung nach zu spät. Wieder war ein schöner Traum ausgeträumt. Renate war um eine Enttäuschung reicher und um eine Hoffnung ärmer geworden. Doch das Leben ging weiter. Der Alltag forderte ihren Einsatz.

Ihm ging es inzwischen besser, aber längst noch nicht wieder so gut, wie vor dem Unfall. Das angebliche Wiedersehen mit einer ehemaligen Freundin war nur eine Ausrede gewesen, über die er keineswegs glücklich war. Aber er wollte Renate nicht hinhalten. Vorläufig strebte er keine neue Bindung mehr an. Danach war ihm nicht zumute. Ob und wann er jemals wieder „der Alte" sein würde, war seiner Meinung nach noch nicht abzusehen. Da es ihm lästig und auch peinlich war, ihr gegenüber seinen Sinneswandel zu begründen, flüchtete er in eine Notlüge. Dadurch wollte er vermeiden, daß sie aus Mitleid auf ihn Rücksicht nähme und warten würde. Andererseits war er sich auch noch nicht schlüssig, ob seine ursprüngliche Entscheidung für sie richtig war, oder ob der Unfall nicht ein warnender Wink des Schicksals sei.

Nach Monaten erfuhr Renate durch Zufall von dritter Seite, daß der Diplom-Ingenieur aus Süddeutschland nach dem Unfall unter schweren Depressionen litt und außerdem sehr abergläubisch war. Seinen Unfall habe er als böses Vorzeichen für eine Verbindung mit ihr betrachtet. Der Informant erzählte die Geschichte völlig unbefangen, ohne Namen zu nennen, in geselligem Kreis. Nicht ahnend, daß sich unter den Gästen des Hauses eine der beiden Personen befand, von denen er sprach, nämlich das weibliche Wesen. Seine „Weisheit" stammte von unbeteiligter, aber gut unterrichteter Seite.

Renate war davon überzeugt, daß es sich nur um „ihren Fall" handeln konnte. Einige markante Details sprachen dafür. „Welch seltsamer Zufall", stellte sie nachdenklich fest, während sie alles – scheinbar unbeteiligt – mit einer gewissen Genugtuung vernahm. Das, was sie hörte, war eine Bestätigung dafür, daß es in jedem Falle zu dieser Entscheidung gekommen wäre, auch wenn sie sich nach dem Unfall anders verhalten hätte. Das war immerhin tröstlich. Es ersparte ihr weitere Selbstvorwürfe.

XVIII

Physisch und psychisch wieder völlig genesen, unternehmungslustig wie eh und je, beschloß Renate, sich bei einem preisgünstigerem Institut nach gegebenen Möglichkeiten umzuhören. Sie war des Alleinseins überdrüssig und wollte endlich wieder wissen, wohin sie gehörte.

Unter den ihr schriftlich zugesandten Partnervorschlägen fand sie die Beschreibung eines Herrn, die ihr sehr bekannt vorkam. „Sollte es sich dabei um den Facharzt handeln – einmal verwitwet, einmal geschieden – den ich im vergangenen Jahr kennenlernte?" überlegte sie. Sie sprach den Institutsleiter bei seinem Anruf darauf an. Nach einigem Zögern gab er zu, daß es sich um den von ihr namentlich genannten Herrn handele. Es war interessant für Renate, daß auch er sein Ziel noch nicht erreicht hatte. Diese Tatsache veranlaßte sie nun, keinen weiteren Vertrag mit einem Vermittlungsinstitut abzuschließen. Und nicht nur das. Sie beschloß, in dieser Hinsicht überhaupt nichts mehr zu unternehmen. Wenn es einem gutsituierten und passabel wirkenden Herrn bei dem großen Frauenüberschuß nicht gelang, die geeignete Lebensgefährtin zu finden, würde es für eine Frau, in Anbetracht der großen Konkurrenz, noch aussichtsloser sein, einen adäquaten Partner zu bekommen.

„Liebe ist nicht machbar, Liebe ist ein Geschenk", soll Lil Dagover – Schauspielerin in den zwanziger, dreißiger Jahren – einmal gesagt haben. Wie recht sie damit hatte.

Dieses Zitat veranlaßte Renate, sich noch einmal gründlich mit den Schilderungen des Facharztes über seine zweite Ehe zu beschäftigen. Dabei erkannte sie deutlich, welche Tragik es war, von einem Menschen, dem man Sympathie und Vertrauen entgegenbringt, den man vielleicht sogar liebt, hintergangen und bitter enttäuscht zu werden. „So, wie die Dinge lagen, dürfte seitens der Frau kaum Liebe, sondern vielmehr Berechnung für diese Verbindung ausschlaggebend gewesen sein", vermutete sie.

„Wenn man einen Menschen aufrichtig liebt, sollte man sich bemühen, ihm nicht wehzutun und versuchen, für alle Probleme des täglichen Lebens eine Kompromißlösung zu finden, sofern nicht ohnehin Übereinstimmung vorhanden ist.

Die seinerzeit ab und zu von leichter Ironie getragene Erzählung des Facharztes basierte sicher auf einem gewissen Selbstschutz. Verständlicherweise wollte er nicht zu erkennen geben, wie es wirklich in ihm aussah. Das Schicksal hatte in diesem Falle gleich mehrfach hart zugeschlagen, in verhältnismäßig kurzen Zeitabständen. Zunächst durch die Krebserkrankung der ersten Frau und dem damit verbundenen Hoffen auf Besserung oder zumindest auf Stillstand für längere Zeit. Nach Überwindung des schweren Verlustes der so trügerische Neubeginn. Die bange Hoffnung, die weniger glückliche zweite Ehe im Laufe der Zeit doch noch zu einem harmonischen oder gar innigen Miteinander zu bringen, die sich leider schon bald als unrealisierbare Illusion erwies. Und dann die große Enttäuschung, so schamlos hintergangen worden zu sein.

Der Mann, der sich trotzdem noch um eine glückliche Wende seines Lebens bemüht, ist zu bewundern", dachte Renate anerkennend. „Mancher in ähnlicher Situation hätte längst kapituliert. Wenn er immer noch nicht die ersehnte Partnerin fand, ist das vielleicht darauf zurückzuführen, daß er infolge der schweren Enttäuschung nun übertriebene Vorsicht walten läßt."

Renate wurde erst jetzt bewußt, daß sie seine bedauerliche Situation damals zu flüchtig und vielleicht zu sehr aus eigener Sicht beurteilt hatte.

„Im Grunde sucht wohl jeder Witwer und jede Witwe

mehr oder weniger eine ‚Zweitauflage' der verlorenen Partnerin, des verlorenen Partners – oft unbewußt. Die Angst, eine Fehlentscheidung zu treffen, erschwert mitunter einen Neubeginn oder verhindert ihn gar", vermutete und befürchtete sie.

Eine weitere Erkenntnis war, daß sich das Schicksal nicht überlisten ließ, mochte sich jeder noch so sehr bemühen. Eine Berufsausbildung konnte man planen, eine Existenz aufbauen, manipulieren – zumindest sofern man ein wenig Glück dabei hatte. Sie war eigentlich immer ein Günstling des Schicksals gewesen. Das Glück war ihr in beruflicher und privater Hinsicht viele Jahre hold. Doch im Augenblick erschien es ihr aussichtslos, ihm auf privater Ebene weiter nachzujagen. Das hieße Geld und Zeit vergeuden. Diese Erkenntnis war bitter. Aber es hatte keinen Sinn, sich etwas vorzugaukeln. Man sollte immer ehrlich bleiben, auch sich selbst gegenüber. Und auch dann, wenn es schwerfiel, sich die Wahrheit einzugestehen, Unabwendbares zu akzeptieren. Erzwingen ließ sich nun einmal nichts im Leben.

Solange das Leben weitestgehend wunschgemäß verlief, betrachtete sie die Erfolge als Resultate persönlicher Initiativen. Renate war fest davon überzeugt gewesen, die Gestaltung ihres Schicksals für die noch vor ihr liegenden Jahre selbst in die Hand nehmen zu können. Nun mußte sie einsehen, daß aller Zielstrebigkeit und Energie irgendwann einmal Einhalt geboten wurde. Das schien jetzt bei ihr der Fall zu sein. Das Schicksal ließ sich nicht manipulieren. Sie erkannte endlich, daß unser aller Wege irgendwie vorgezeichnet sind.

XIX

Es goß in Strömen. Bei diesem Dauerregen war es sinnlos, etwas zu unternehmen. Ein ideales Wochenende zum Faulenzen. Hedda, schon seit Tagen leicht erkältet, blieb im Bett und grollte mit Gott und der Welt. An einem Wochenende ohne Plan und Ziel lohnte es sich ihrer Meinung nach nicht, überhaupt aufzustehen. Die Wirtschafterin brachte ihr das Frühstück ans Bett, nachdem Hedda ihre Morgentoilette beendet hatte. Der Kaffee weckte ihre Lebensgeister und stimmte sie ein wenig versöhnlicher mit dem unprogrammgemäßen Wetter und seinen zwangsläufigen Folgen. Anschließend blätterte und las sie in Illustrierten. Davon lag ständig ein ansehnlicher Stapel auf ihrem Nachttisch. Zwischendurch rief sie immer wieder einmal Renate an, um mit ihr über dieses und jenes, das sie gerade gelesen hatte oder das ihr einfiel, zu sprechen.

Und Renate nutzte solche Regentage, um längst fällige Privatkorrespondenz zu erledigen. Heddas Anrufe brachten ihr angenehme, manchmal sogar amüsante Unterbrechungen. Insgeheim hofften natürlich beide, daß die Sonne plötzlich durchbrechen und das triste Wetter beenden würde. Doch das war unwahrscheinlich. Danach sah der Himmel nicht aus. Petrus tat ihnen nicht den Gefallen, den Regenfluß zu stoppen.

In Heddas großem Haus herrschte inzwischen Totenstille. Die Wirtschafterin hatte ihren Dienst beendet, sich verabschiedet und war bis Montag nach Hause gefahren. Nun erschien Hedda das eigene Haus wieder einmal unheimlich. Rasch wählte sie Renates Rufnummer, um sich mit einem kurzen Plausch abzulenken.

Durch das Schrillen des Telefons wurde Renate unsanft aus ihrem Mittagsschlaf gerissen. „Nicht einmal am Wochenende hat man seine Ruhe", knurrte sie vor sich hin, während sie nach dem Telefonhörer griff. Ihr war klar, daß es nur Hedda sein konnte. Die achtete meist nicht auf Uhrzeiten. Der wievielte Anruf es an diesem Tage war, konnte Renate schon nicht mehr rekapitulieren.

„Ach, wenn ich doch meine Asta noch hätte", jammerte Hedda, bevor sich Renate überhaupt melden konnte, „dann wäre ich nicht so allein." Renate überlegte: „Asta – Asta?" Der Name war ihr nicht recht geläufig, sagte ihr nichts. „Ich erinnere mich immer noch des Tages, an dem mein Vater den Schäferhund mitbrachte", plauderte Hedda bereits weiter. Jetzt wußte Renate wieder, um wen es sich bei Asta handelte. Darüber gesprochen hatten sie schon oft. „Von diesem vierbeinigen Familienzuwachs waren wir zunächst alle nicht begeistert. Anfangs hatte ich mächtige Angst vor dem Tier", erzählte Hedda aufgeregt weiter, als erlebe sie alles noch einmal. „Den Futternapf schob ich lange Zeit mit Todesverachtung recht schwungvoll in den Zwinger, um dem Tier nicht zu nahe zu kommen. Aber allmählich wurden wir gute Freunde. Als Asta im hohen Alter starb, trauerte die ganze Familie um sie. Wir alle vermißten sie sehr."

„Das kann ich mir gut vorstellen", versicherte Renate mitfühlend. „Wir hatten früher zwei Drahthaarfoxe, Lumpi und Purzel. Lumpi war ein regelrechter Lausbub. Der rannte durch jede Pfütze und freute sich, wenn es ordentlich spritzte. Und wenn ihm etwas besonders gut schmeckte, hätte er den Futternapf am liebsten gleich mit aufgefressen. – Purzel dagegen war ein eitler Fratz. Der ging im großen Bogen um die Pfützen herum. Selten fraß er seinen Napf leer. Wir hatten immer den Eindruck, er achtete auf seine schlanke Linie. Was Purzel übrig ließ, verschlang Lumpi zusätzlich mit großem Vergnügen. Dadurch war er ziemlich mollig, zu mollig für seine Rasse."

„Wie mir scheint, haben sich die beiden gut vertragen", mutmaßte Hedda.

„Ja, sehr gut", bestätigte Renate. „Lumpi starb leider eines qualvollen Todes. Er strolchte gern im Firmengelände herum und scheint dort Rattengift geschluckt zu haben. Ab und zu mußte welches ausgelegt werden. Normalerweise wurden wir rechtzeitig darüber informiert. Ausgerechnet an jenem Tage erfuhren wir es irrtümlich erst nach dem Malheur. Sonst hätten wir, wie üblich, entsprechende Vorkehrungen getroffen. Bedauerlicherweise kam auch jede tierärztliche Hilfe zu spät."

„Der arme Kerl. Dann wird sich Purzel sicher sehr vereinsamt gefühlt haben", schätzte Hedda.

„Purzel hatten wir leider auch nicht mehr lange. Die Trauer um den verlorenen Gefährten schien für ihn unüberwindlich zu sein. Trotz besonderer Zuwendung unsererseits."

„Es geht den Tieren wie uns Menschen", sagte Hedda mit trauriger Stimme sehr nachdenklich.

„Vielleicht solltest du dir wieder einen Hund anschaffen?" empfahl Renate in aufmunterndem und zugleich fragendem Ton.

„Daran dachte ich schon wiederholt. Aber die Belastung wäre mir zu groß."

Sie unterhielten sich noch ein Weilchen über dies und jenes. Dann verabschiedeten sie sich bis zum nächsten Gespräch. Denn das war noch nicht das letzte Telefonat an diesem Tage.

Während Renate später in ihrem Wohnzimmer gemütlich beim Nachmittagskaffee saß, dachte sie noch einmal über das Hundethema nach. „Ein pechschwarzer Pudel oder ein rehbrauner Cockerspaniel wäre schon akzeptabel. Dann hätte ich wenigstens ein Lebewesen um mich. – Aber ein Hund ist kein Gesprächspartner", überlegte sie weiter. „Er kann zwar Freude und Trauer ausdrücken, Anhänglichkeit, Dankbarkeit und Treue bekunden, aber ich kann mit ihm nichts erörtern, nichts besprechen. Auch das treueste Tier kann den Lebensgefährten nicht ersetzen. Das wäre wohl auch zu viel verlangt. – Und was fange ich mit dem Hund an, wenn ich geschäftlich verreisen muß und ihn nicht mitnehmen kann?" fragte sie sich. Die Anschaffung eines Hundes war also auch für sie indiskutabel.

Durch diese Überlegungen war sie unbewußt schon wieder einmal auf das Problem des Alleinseins gestoßen, das sie ohnehin sehr oft, vielleicht sogar viel zu oft, beschäftigte. Hinzu kam die Auswirkung des regnerischen Wetters, das nun auch ihre Stimmung trübte. Die Möglichkeit, an diesem Wochenende ausgiebig zu faulenzen – wie sie das so gern getan hätte –, konnte sie nicht in vollen Zügen nutzen. Dazu fehlte die innere Ruhe. Leicht zerknirscht fragte sie sich: „Was ist das Leben? Zunächst einmal ist es zu kurz. In jedem Falle viel zu kurz. Ganz gleich, ob ein Mensch sechzig oder achtzig Jahre alt oder noch älter wird. Solange er geistig und körperlich einigermaßen fit ist, hegt er Hoffnungen und Wünsche, die ihm das Leben lebenswert erscheinen lassen.

Das Leben ist lebenswert, trotz aller Probleme, Sorgen, Enttäuschungen und Ängste, die die verschiedenen Phasen unseres Daseins begleiten und beeinflussen. Ohne gelegentliche Tiefschläge würden wir Menschen manchmal vielleicht zu übermütig werden.

Zunächst wächst der Mensch mehr oder weniger geborgen – je nach Milieu – im Elternhaus heran. Im Kindergarten und während der Schulzeit treten dann meist die ersten, gravierenden Ängste bewußt in Erscheinung. Sei es um die Gunst der Mitmenschen oder vor zu bewältigenden Aufgaben. Es folgt die Examensangst. Dann kommt die Angst vor den Anforderungen des Berufes und die Sorge, sich nicht genügend durchsetzen und die gestellten Erwartungen nicht erfüllen zu können. Hier und da vielleicht ein Aufbegehren oder Rebellieren, um die Angst zu unterdrücken. Aber im Endeffekt sind das alles nur vorübergehende Erscheinungen.

Endlich der berufliche Erfolg mit entsprechender

Hochstimmung. Schließlich das Hinübergleiten in die Ehe, entweder aus der Geborgenheit des Elternhauses oder aus der inzwischen gewonnenen Selbständigkeit, ein neues Gefühl der Geborgenheit auslösend. Es folgt vielleicht im Unterbewußtsein ein wenig Angst vor der mit der neuen Situation verbundenen Verantwortung. Aber schließlich ist es geschafft. Der Mensch schwimmt auf den Wogen des Glückes. Er ist sich dessen bewußt, schwimmt ganz einfach an der Oberfläche und nimmt leider oft alles als selbstverständlich hin, je nach Mentalität und Reife. Er fühlt sich wohl und wünscht sich sehnlichst, daß es ewig so bleiben möge. Eventuelle Ängste, daß sich dieser Wunsch nicht erfüllt, werden nach besten Kräften unterdrückt. Es werden Pläne geschmiedet auf lange Sicht, und es wird gehofft und erwartet, daß sich das Schicksal dadurch positiv beeinflussen läßt. Das ist nun einmal menschlich, allzu menschlich.

Doch oft wandelt sich das Leben plötzlich, mitunter allmählich, kaum merklich, Schritt für Schritt, manchmal schlagartig über Nacht. Man steht allein, hilflos und verlassen von dem liebsten Menschen, an dessen Seite man glücklich war. Man kann das Geschehene nicht fassen. Hilfsbereite Menschen versuchen beizustehen, zu stützen. Das erkennt man dankbar an. Doch die Angst vor dem Alleinsein und vor der Zukunft breitet sich unbarmherzig, nahezu gespenstisch, aus. Eine Angst, vor der man nicht entrinnen kann.

Man zieht sich in sich selbst zurück, weil es einem peinlich ist, sich zu dieser fast unüberwindlichen Angst zu bekennen. Am liebsten würde man nichts mehr hören und nichts mehr sehen wollen. Eines Tages erkennt man, daß es keinen Sinn hat, dahinzuvegetieren. Man stürzt sich in Arbeit, um die Angst zu vertreiben. Doch die Angst ist beharrlich, sie bleibt, weil auf alles das gewohnte Echo fehlt. Es fehlt auch die fruchtbare Diskussion über die großen und kleinen Probleme des täglichen Lebens. Und es fehlt nicht zuletzt der Widerhall der Gefühle.

Gefühle, die Nahrung der Seele, auf deren Notwendigkeit der große Psychologe C. G. Jung oft nachdrücklich hinwies. Positive Gefühle, die Freude, Hoffnung und Zuversicht wecken, negatives Denken ausschließen und die Lebensbejahung sich entfalten lassen."

Renates Gedanken waren von Sentimentalität überschattet. Doch ihr nie versiegender Optimismus dominierte rasch wieder und erinnerte:

„Über allen Problemen und Ängsten sollten wir die Annehmlichkeiten und die Freuden nicht vergessen, die das Leben dennoch bietet – auch wenn sich nicht alle Wünsche erfüllen."

*Wenn wir unsere Seele mit freudvollen
Erlebnissen, Worten und Gedanken ernähren,
schaffen wir uns eine unerschöpfliche Kraftreserve
der geistigen Erfrischung und Erneuerung.
Wir dürfen aber nie vergessen, daß wir nur das erhalten,
was wir selber zu geben bereit sind.*

Vincent Peal

Elisabeth Schreiber

1924 in Zeitz geboren, lebt seit 1952 in der Bundesrepublik Deutschland und ist kaufmännisch selbständig tätig.

Das Schreiben ist seit Jahren ihr Hobby.

1987 erschien von ihr – mit gutem Erfolg – das Buch *„Die Spatzen pfiffen von den Dächern...".* Ein Tatsachenbericht in Romanform über die Enteignungskampagne Anfang der fünfziger Jahre in der DDR.